Über Denker Bibel

Ein Umfassender Leitfaden Zur Bewältigung Ihres Geistes Und Zur Suche Nach Innerem Frieden

Philip H. Benjamin

Über Denker Bibel

INHALTSVERZEICHNIS

Einführung.. **15**

Was ist Überdenken?... 15

Wie sich übermäßiges Nachdenken auf Ihr Leben auswirkt...17

Das Ziel dieses Buches: Ihren Geist beherrschen..22

Der Geist des Überdenkers................................. **26**

Warum überdenken wir?..27

Die Neurowissenschaft hinter dem Überdenken.... 33

Häufige Auslöser für übermäßiges Nachdenken....38

Arten des Überdenkens....................................... **43**

Grübeln vs. Sorgen: Was ist der Unterschied?.......44

Rumination: Die endlose Wiederholung der Vergangenheit..44

Sorge: Die Zukunft antizipieren............................ 46

Katastrophal: Das Schlimmste erwarten................49

Wie Katastrophisieren funktioniert:............. 49

Beispiel für eine Katastrophe:.....................51

Entscheidungslähmung: Die Angst, Entscheidungen zu treffen..52

Was verursacht Entscheidungslähmung?...53

Folgen einer Entscheidungslähmung:.........54

Analyselähmung: Zu viel über jedes Detail nachdenken...56

Wie sich eine Analyselähmung entwickelt:. 56

Auswirkungen der Analyselähmung:...........58

Der Zyklus des Überdenkens...................... 60

Wie negative Gedankenschleifen entstehen.......... 61

1. Das auslösende Ereignis:...................... 61

2. Anfänglicher negativer Gedanke:............62

3. Die Rückkopplungsschleife:...................62

4. Eskalation negativer Gedanken:.............63

5. Erhöhter emotionaler Stress:.................. 63

6. Schwierigkeiten bei der Problemlösung:..64

Emotionale Auslöser und der Schneeballeffekt...... 64

1. Identifizierung emotionaler Auslöser:......65

2. Verstärkung negativer Gedanken:.......... 65

3. Die Rolle der Katastrophe:....................66

4. Zyklus emotionaler Reaktionen:.............67

5. Untätigkeit und Vermeidung:..................67

Die verborgene Rolle von Angst und Furcht...........68

1. Angst als Katalysator:........................... 68

2. Angst vor dem Urteil:........................... 69

3. Vermeidung und Verstärkung:.................69

4. Die Angst-Gedanken-Schleife:................70

5. Bewältigungsmechanismen und ihre
Auswirkungen:.. 71

Denkmuster erkennen................................72

Überdenkende Gewohnheiten erkennen................72

1. Überwachen Sie Ihre Gedanken:............73

2. Auslöser identifizieren:..........................73

3. Emotionale Reaktionen notieren:............74

4. Bewertung von Entscheidungsprozessen:.. 74

5. Feedback von anderen einholen:............75

Die Kraft der Selbsterkenntnis.................75

1. Verbesserung der emotionalen Intelligenz:. 76

2. Einen vorurteilsfreien Raum schaffen:....76

3. Identifizieren automatischer Gedanken:. 77

4. Achtsamkeitspraktiken:...........................77

5. Absichtliche Ziele setzen:...................... 78

Häufige kognitive Verzerrungen................78

1. Alles-oder-Nichts-Denken:.....................79

2. Gedankenlesen:......................................79

3. Katastrophalisierend:............................. 80

4. Übergeneralisierung:..............................81

5. Personalisierung:................................... 81

6. Filterung:..82

Achtsamkeit: Der Schlüssel zur geistigen Freiheit. 84

Wie Achtsamkeit hilft, übermäßiges Nachdenken zu stoppen...85

1. Bewusstsein für Gedanken:...................85

2. Nicht wertende Beobachtung:................86

3. Verankerung in der Gegenwart:............86

4. Reduzierung von Stressreaktionen:........87

5. Verbesserung der emotionalen Regulierung:...87

Einfache Achtsamkeitsübungen für das tägliche Leben...88

1. Achtsames Atmen:.................................88

2. Body-Scan-Meditation:.............................89

3. Achtsames Gehen:.............................. 89

4. Achtsames Essen:.............................. 90

5. Fünf-Sinne-Übung:.............................90

Erdungstechniken, um präsent zu bleiben.............91

1. 5-4-3-2-1-Technik:.................................91

2. Atemübungen:.....................................92

3. Erdungsobjekte:...................................93

4. Affirmationen:.....................................93

5. Naturverbindung:................................. 94

Kontrollieren Sie Ihren inneren Dialog................. 95

Verstehen Sie Ihren inneren Kritiker......................96

1. Identifizierung des inneren Kritikers:.......96

2. Ursprünge des inneren Kritikers:............. 97

3. Die Auswirkungen erkennen:.................. 97

4. Den inneren Kritiker herausfordern:........98

Negative Gedanken auffrischen............................ 98

1. Identifizieren Sie negative Gedanken:.... 99

2. Stellen Sie die Erzählung in Frage:.........99

3. Alternative Perspektiven schaffen:........100

4. Üben Sie kognitive Distanzierung:........100

5. Visualisieren Sie positive Ergebnisse:... 100

Positive Selbstgespräche und Affirmationen........ 101

1. Die Bedeutung positiver Selbstgespräche:.
101

2. Effektive Affirmationen erstellen:.......... 102

3. Wiederholung und Konsistenz:............. 102

4. Affirmationen in das tägliche Leben

integrieren:.. 103

5. Kleine Erfolge feiern:...............................103

Kognitive Verhaltenstechniken (CBT) für Überdenker 105

Negative Gedanken herausfordern und ersetzen. 106

1. Identifizieren Sie negative Gedanken:.. 106

2. Stellen Sie die Gültigkeit von Gedanken in Frage:..107

3. Negative Gedanken neu formulieren:... 108

4. Erstellen Sie einen positiven Gedankenersatz:......................................108

Gedankenaufzeichnungen und Journaling........... 109

1. Gedankenaufzeichnungen verstehen:.. 109

2. Journaling zur Selbstreflexion:............. 110

3. Tägliche Dankbarkeitstagebücher:........ 111

4. Fortschrittsverfolgung:.......................... 111

Verhalten Experimente: Testen Sie Ihre Gedanken.... 112

1. Entwerfen Sie Ihr Experiment:.............. 112

2. Skizzieren Sie die Hypothese:.............. 113

3. Führen Sie das Experiment durch:........113

4. Analysieren Sie die Ergebnisse:........... 114

5. Passen Sie zukünftige Gedanken an:... 114

Stress- und Angstmanagement................................116

Wie Stress zum Überdenken anregt.................... 117

1. Erhöhte Empfindlichkeit gegenüber Stressfaktoren:.. 117

2. Kognitive Belastung:............................. 118

3. Negative Gedankenmuster:.................. 118

4. Beeinträchtigte emotionale Regulation: 119

5. Körperliche Stresssymptome:............... 119

Entspannungstechniken: Atmung, Meditation und Visualisierung...................... 120

1. Atemübungen:.................................120

2. Meditation:............................... 121

3. Visualisierung:.............................122

Entwicklung gesunder Bewältigungsmechanismen.... 124

1. Körperliche Aktivität:........................ 124

2. Entscheidungen für einen gesunden Lebensstil:...............................125

3. Soziale Unterstützung:.......................126

4. Zeitmanagement und Organisation:.......127

5. Kreative Outlets:.......................... 128

Die Macht der Entscheidungsfindung................... 130

Strategien, um Entscheidungen mit Zuversicht zu treffen...................................131

1. Klären Sie Ihre Ziele:........................ 131

2. Sammeln Sie relevante Informationen:. 132

3. Legen Sie ein Zeitlimit fest:...................133

4. Verwenden Sie einen Entscheidungsrahmen:........................... 133

5. Vertrauen Sie Ihren Instinkten:.............134

6. Unvollkommenheit akzeptieren:...........135

Sich selbst Grenzen setzen........................ 135

1. Entscheidungsparameter definieren:.... 136

2. Informationsquellen einschränken:....... 137

3. Üben Sie, Nein zu sagen:................ 137

4. Erstellen Sie eine Entscheidungsroutine:... 138

Wie man aufhört, nach Perfektion zu streben.......139

1. Gestalten Sie Ihre Perspektive neu:..... 139

2. Setzen Sie realistische Standards:........ 140

3. Nehmen Sie eine Wachstumsmentalität an:........ 141

4. Vergleich mit anderen einschränken:.... 141

5. Übe Selbstmitgefühl:........... 142

Aufbau geistiger Widerstandskraft........ 144

Wie man mit Unsicherheit umgeht....... 145

1. Umarme das Unbekannte:.... 145

2. Achtsamkeit üben:....... 146

3. Informationsüberflutung begrenzen:..... 147

4. Notfallpläne entwickeln:........ 148

5. Verbinden Sie sich mit Support-Netzwerken:..... 149

Optimismus und eine Wachstumsmentalität kultivieren....... 150

1. Übe Dankbarkeit:........ 150

2. Herausforderungen neu formulieren:..... 152

3. Umgeben Sie sich mit Positivität:..... 153

4. Befürworten Sie lebenslanges Lernen:. 154

Stärkung der emotionalen Intelligenz.... 154

1. Selbstbewusstsein stärken:..... 155

2. Emotionen verwalten:...... 156

3. Empathie verbessern:...... 157

4. Bauen Sie starke Beziehungen auf:....... 158

Konzentration und Klarheit entwickeln........ 160

So priorisieren Sie, was wirklich wichtig ist...........161

    1. Identifizieren Sie Ihre Grundwerte:....... 161

    2. Verwenden Sie die Eisenhower-Matrix: 162

    3. Setzen Sie sich SMARTe Ziele:........... 163

    4. Teilen Sie Aufgaben in kleinere Schritte auf:... 164

    5. Überprüfen und passen Sie die Prioritäten regelmäßig an:... 165

Zeitmanagement für einen klareren Geist........... 166

    1. Erstellen Sie einen Tagesplan:..............167

    2. Nutzen Sie Zeitmanagementtechniken: 167

    3. Ablenkungen begrenzen:...................... 168

    4. Lernen Sie, Nein zu sagen:...................169

    5. Denken Sie über den Zeitverbrauch nach:. 170

Die Kunst des Loslassens................................ 171

    1. Identifizieren Sie, was Sie loslassen sollten:...172

    2. Praxisakzeptanz:.................................172

    3. Verwenden Sie Achtsamkeitstechniken:...... 174

    4. Ersetzen Sie negative Gewohnheiten durch positive:..174

    5. Feiern Sie Ihren Fortschritt:.................. 175

Frieden in der Gegenwart finden........................... 177

Dankbarkeitsübungen zur Beruhigung Ihres Geistes. 178

    1. Tägliches Dankbarkeitsjournal:.............178

    2. Dankbarkeitsmeditation:....................... 179

3. Drücken Sie anderen gegenüber Dankbarkeit aus:.................................. 180

4. Erstellen Sie ein Dankbarkeitsglas:...... 181

5. Dankbarkeitsspaziergänge:.................. 181

Wie man die Kontrolle aufgibt und das Unbekannte umarmt...183

1. Erkennen Sie Ihr Bedürfnis nach Kontrolle an:.. 183

2. Achtsamkeit üben:................................ 184

3. Gestalten Sie Ihre Perspektive neu:..... 185

4. Setzen Sie Absichten statt Erwartungen:.... 186

5. Suchen Sie Unterstützung:.................. 186

Ein zielgerichtetes Leben führen, das über übermäßiges Nachdenken hinausgeht.................188

1. Entdecken Sie Ihre Leidenschaften:..... 188

2. Definieren Sie Ihre Werte:.................189

3. Setzen Sie sich sinnvolle Ziele:............ 190

4. Kultivieren Sie eine Wachstumsmentalität:. 190

5. Übe Selbstmitgefühl:..............................191

Aufrechterhaltung der geistigen Klarheit.............193

Tägliche Gewohnheiten für einen klaren Geist.....194

1. Achtsame Morgen:.................................194

2. Aufgaben priorisieren:.............................195

3. Digitale Entgiftung:.................................195

4. Pausen und Ausfallzeiten:.................. 196

Aufbau einer Routine für geistiges Wohlbefinden.197

1. Erstellen Sie einen konsistenten Aufwach-

und Schlafplan:.. 198

2. Integrieren Sie körperliche Aktivität:...... 198

3. Planen Sie Zeit zum Nachdenken ein:.. 199

4. Legen Sie „Me Time" fest:......................200

Die Rolle von Schlaf, Ernährung und Bewegung. 201

1. Schlaf: Die Grundlage geistiger Klarheit.....
201

2. Ernährung: Treibt das Gehirn an.......... 202

3. Übung: Die Geist-Körper-Verbindung... 204

Rückschläge überwinden.. 206

Wie man mit Rückfällen ins Überdenken umgeht.207

1. Erkennen Sie Ihre Gefühle an:.............207

2. Verwenden Sie Achtsamkeitstechniken:......
208

3. Formulieren Sie Ihre Gedanken neu:....209

4. Handeln Sie:...................................... 209

Aus Fehlern lernen und vorwärts gehen............... 211

1. Nehmen Sie eine Wachstumsmentalität
an:... 211

2. Reflektieren Sie die Erfahrung:.............212

3. Entwickeln Sie einen Aktionsplan:........ 213

Feiern Sie Ihren Fortschritt................................. 214

1. Erfolge anerkennen:..............................214

2. Führen Sie ein Erfolgstagebuch:...........215

3. Teilen Sie Ihre Reise:............................216

Tägliche Aufforderungen zur Achtsamkeit............218

Fordert emotionales Bewusstsein auf.................219

Fordert zur Dankbarkeit auf................................ 221

Fordert zur Selbsterkenntnis und Reflexion auf....221

Fordert dazu auf, präsent zu bleiben....................223

Fordert zum achtsamen Atmen und zur Erdung auf...
224

Aufforderungen zur Stress- und Angstbewältigung....
225

Fordert persönliche Absichten und Ziele auf........227

Fordert Beziehungen und Verbindungen auf........229

Fordert zu Selbstliebe und Mitgefühl auf..............231

Aufforderungen zum Loslassen und Vorwärtsgehen..
233

Aufforderungen zum achtsamen Leben...............234

Über Denker Bibel

14

Einführung

Was ist Überdenken?

Überdenken ist die geistige Angewohnheit, übermäßig lange bei einem einzelnen Gedanken oder einer Reihe von Gedanken zu verweilen. Dabei kann es darum gehen, Situationen endlos zu analysieren, Entscheidungen zu hinterfragen und sich Worst-Case-Szenarien auszumalen, selbst wenn es wenig Grund zur Sorge gibt. Übermäßiges Nachdenken fühlt sich oft so an, als ob man in einer mentalen Schleife gefangen wäre, in der dieselben Gedanken und Sorgen immer wieder auftauchen und Ihre mentale Energie verbrauchen, ohne Lösungen zu finden. Es geht nicht nur darum, zu viel nachzudenken; Es geht darum, auf eine Weise zu denken, die unproduktiv und letztendlich schädlich für Ihr Wohlbefinden ist.

Es gibt zwei Hauptarten des Überdenkens: **Wiederkäuen** Und **Sorge**. Beim Grübeln geht es darum, sich mit der Vergangenheit auseinanderzusetzen – Fehler, verpasste Gelegenheiten oder peinliche Momente noch einmal zu durchleben und sie aus jedem möglichen Blickwinkel zu analysieren. Sorgen hingegen sind eher zukunftsorientiert. Es ist die Angewohnheit, sich potenzielle Probleme oft in übertriebener Form vorzustellen und zu versuchen, sie zu lösen, bevor sie überhaupt entstehen. Beide Arten des Überdenkens fangen Sie in einem Kreislauf mentalen Stresses ein und hindern Sie daran, in der Gegenwart zu leben.

Auch wenn Überdenken manchmal mit Problemlösung verwechselt werden kann, ist es wichtig, den Unterschied zu verstehen. Bei der Problemlösung geht es darum, aktiv nach Lösungen zu suchen, während sich das übermäßige Nachdenken mehr auf das Problem selbst konzentriert, oft ohne ein klares oder konstruktives Ziel. Überdenker haben oft das Gefühl, etwas zu erreichen, indem sie geistig alle

Möglichkeiten ausschöpfen, aber in Wirklichkeit drehen sie lediglich ihre Räder auf der Stelle.

Wie sich übermäßiges Nachdenken auf Ihr Leben auswirkt

Übermäßiges Nachdenken ist mehr als nur eine mentale Belästigung; Es kann weitreichende Auswirkungen auf verschiedene Aspekte Ihres Lebens haben. Unabhängig davon, ob es sich auf Ihre persönlichen Beziehungen, Ihre berufliche Produktivität oder Ihre allgemeine psychische Gesundheit auswirkt, kann die Belastung durch übermäßiges Nachdenken erheblich sein.

Eine der größten Auswirkungen, die übermäßiges Nachdenken auf Ihr Leben hat, besteht darin, dass es Ihnen den Seelenfrieden raubt. Anstatt Momente der Ruhe zu erleben, rast Ihr Gehirn ständig und analysiert alles, von trivialen Details bis hin zu wichtigen Lebensentscheidungen. Dieser mentale Lärm kann einen chronischen Angstzustand hervorrufen, da Ihr Geist ständig „aktiv" ist und nicht in der Lage ist, sich zu entspannen oder sich auf das Wesentliche zu konzentrieren.

Emotionaler Stress ist eine direkte Folge von Überdenken. Wenn Sie Szenarien ständig wiederholen, sich selbst für vergangene Fehler kritisieren oder zukünftige Katastrophen vorhersehen, versetzen Sie sich in einen ständigen Zustand der Sorge. Dieser Stress kann sich auch körperlich manifestieren und zu Kopfschmerzen, Schlaflosigkeit, Müdigkeit und noch schwerwiegenderen Gesundheitsproblemen wie Bluthochdruck oder Herzerkrankungen führen. Mit der Zeit kann dieser anhaltende mentale Stresszustand Ihre emotionale Belastbarkeit schwächen und es schwieriger machen, mit alltäglichen Herausforderungen umzugehen.

In **persönliche Beziehungen**Übermäßiges Nachdenken kann zu Spannungen führen. Möglicherweise analysieren Sie jedes Wort, jeden Text und jede Handlung eines geliebten Menschen und sind davon überzeugt, dass sein

Verhalten verborgene Bedeutungen oder Hintergedanken hat. Dies kann zu unnötigen Auseinandersetzungen, Missverständnissen und Distanz führen, da Ihr Partner, Freund oder Familienmitglied möglicherweise das Gefühl hat, in Ihrer Nähe auf Eierschalen zu laufen.

Entscheidungslähmung ist eine weitere wichtige Konsequenz. Überdenkende Menschen haben oft Schwierigkeiten, Entscheidungen zu treffen, weil sie befürchten, die falsche Wahl zu treffen. Sie wägen jede Option ab, antizipieren jedes mögliche Ergebnis und finden es deshalb nahezu unmöglich, sich auf irgendetwas festzulegen. Diese Lähmung kann sich sowohl auf kleine Entscheidungen auswirken, etwa darauf, was man zu Abend isst, als auch auf wichtige Lebensentscheidungen, etwa berufliche Schritte oder Beziehungen. Es führt zu verpassten Chancen, einem Gefühl der Hilflosigkeit und Bedauern.

Auch zu viel nachdenken **erstickt die Kreativität** und Produktivität. Wenn Ihr Geist

mit einer Überfülle an Gedanken vollgestopft ist,
wird es schwierig, sich auf eine einzelne
Aufgabe zu konzentrieren. Ihr Gehirn ist zu sehr
mit Was-wäre-wenn-Szenarien,
Worst-Case-Szenarien und Überanalysen
beschäftigt, was Sie daran hindert, effizient zu
arbeiten. Dieser ständige mentale Nebel kann
den Fortschritt verzögern, Innovationen
behindern und dazu führen, dass Sie sich von
Aufgaben überfordert fühlen, die sonst vielleicht
zu bewältigen wären.

Letztendlich hindert Sie übermäßiges
Nachdenken daran, vollständig in der Gegenwart
zu leben. Dadurch, dass Sie in der Vergangenheit
stecken bleiben oder sich Sorgen um die Zukunft
machen, verlieren Sie die Möglichkeit, den
Moment zu genießen. Sie verpassen
Erfahrungen, Freuden und Möglichkeiten, die
nur dann bestehen, wenn Sie sich voll und ganz
auf das Jetzt konzentrieren. Je mehr Zeit Sie in
Ihrem Kopf verbringen, desto weniger Zeit
verbringen Sie wirklich mit dem Leben.

Das Ziel dieses Buches: Ihren Geist beherrschen

Das primäre Ziel von *Die Bibel des Überdenkers* ist es, Ihnen die nötigen Werkzeuge und Kenntnisse an die Hand zu geben, um aus dem Teufelskreis des Überdenkens auszubrechen. Indem Sie die Mechanismen Ihres Geistes verstehen, unproduktive Gedankenmuster erkennen und praktische Strategien anwenden, lernen Sie, die Kontrolle über Ihren mentalen Raum zurückzugewinnen und den inneren Frieden zu finden, den Sie vermisst haben.

Übermäßiges Nachdenken verschwindet nicht über Nacht, aber indem Sie sich dem Prozess der mentalen Beherrschung widmen, können Sie dessen Auswirkungen auf Ihr Leben erheblich reduzieren. Dieses Buch führt Sie Schritt für Schritt durch die Reise der Selbsterkenntnis, Achtsamkeit und des Handelns und gibt Ihnen die Ressourcen an die Hand, die Sie für dauerhafte Veränderungen benötigen. Egal, ob Sie jemand sind, der jedes Detail überanalysiert oder Schwierigkeiten hat, Entscheidungen zu treffen, dieses Buch ist darauf zugeschnitten, Ihnen dabei zu helfen, mit diesen Tendenzen umzugehen.

Sie werden entdecken, wie Sie Ihren Fokus vom endlosen Grübeln auf produktive Problemlösung verlagern können. Der Schwerpunkt wird darauf liegen, Achtsamkeit zu kultivieren, zu lernen, im gegenwärtigen Moment zu leben und Ihre Gedanken so neu zu ordnen, dass Klarheit und Ruhe statt Stress und Verwirrung gefördert werden.

Darüber hinaus wird Ihnen dieses Buch helfen zu verstehen, dass es bei der Beherrschung Ihres Geistes nicht darum geht, Ihre Gedanken abzuschalten, sondern eine gesunde Beziehung zu ihnen aufzubauen. Es geht darum, zu erkennen, wann Ihre Gedanken hilfreich sind und wann sie Sie zurückhalten. Am Ende verfügen Sie über eine Reihe mentaler Werkzeuge, mit denen Sie die

Herausforderungen des Lebens selbstbewusst und gelassen meistern können.

Bei der Beherrschung Ihres Geistes geht es nicht nur darum, mit dem Überdenken aufzuhören – es geht darum, geistige Klarheit, Konzentration und emotionale Belastbarkeit zu schaffen, die es Ihnen ermöglichen, ein erfüllteres und präsenteres Leben zu führen. In jedem Kapitel finden Sie praktische Tipps, Übungen und Techniken, die Sie in Ihrem Alltag anwenden können, um sich schrittweise aus der Klemme des Überdenkens zu befreien und die Kontrolle über Ihr geistiges und emotionales Wohlbefinden zurückzugewinnen.

In *Die Bibel des Überdenkers*Erfahren Sie nicht nur, wie Sie mit dem Überdenken aufhören, sondern auch, wie Sie eine Denkweise fördern, die inneren Frieden, Produktivität und Freude fördert. Mit der Zeit, Übung und Geduld werden Sie vom Überdenker zum Meister Ihrer Gedanken – und letztendlich Ihres Lebens.

Der Geist des Überdenkers

Überdenken ist eine weit verbreitete geistige Angewohnheit, die Millionen von Menschen betrifft. Dabei geht es darum, Situationen zu analysieren, wieder aufzuwärmen und sich darüber Sorgen zu machen, oft auf unproduktive und belastende Weise. Für Überdenker können selbst die einfachsten Entscheidungen überwältigend sein und jeder Gedanke kann sich in eine Kaskade aus Angst und Zweifel verwandeln.

Warum überdenken wir?

Im Kern ist Überdenken eine Reaktion auf Unsicherheit, Angst und den Wunsch nach Kontrolle. Es ist der Versuch des Gehirns, ein wahrgenommenes Problem zu lösen, auch wenn keine sofortige Lösung notwendig oder möglich ist. Während gelegentliches Nachdenken oder Analysieren produktiv sein kann, geht übermäßiges Nachdenken darüber hinaus – es fängt uns in einem Kreislauf des geistigen Grübelns ein, der keine wirklichen Ergebnisse hervorbringt und stattdessen zu Stress, Angst und geistiger Erschöpfung führt.

Hier sind einige der Hauptgründe, warum Menschen dazu neigen, zu viel nachzudenken:

1. **Angst vor dem Unbekannten**
   Unsicherheit ist ein Nährboden für übermäßiges Nachdenken. Wenn wir nicht alle Antworten haben, versucht unser Verstand, die Lücken zu schließen, indem er sich Worst-Case-Szenarien ausmalt. Dies gilt insbesondere in Situationen, in denen wir das Gefühl haben, wenig

Kontrolle zu haben, etwa wenn wir auf eine medizinische Diagnose warten, uns fragen, ob wir ein Jobangebot bekommen oder uns Sorgen darüber machen, wie andere uns wahrnehmen. Überdenker glauben oft, dass sie sich durch die Analyse jedes möglichen Ergebnisses auf alle Eventualitäten vorbereiten können. Diese endlose mentale Übung erzeugt jedoch nur noch mehr Angst, da sie oft zu Katastrophendenken führt – der Annahme, dass das Worst-Case-Szenario das wahrscheinlichste Ergebnis ist.

2. **Bedürfnis nach Kontrolle**
   Viele Überdenker haben ein tief verwurzeltes Bedürfnis nach Kontrolle. Wenn sie mit Unsicherheit konfrontiert werden, versuchen sie, das Gefühl der Meisterschaft zurückzugewinnen, indem sie alle möglichen Aspekte durchdenken. Sie glauben, dass sie negative Folgen verhindern können, wenn sie jedes Hindernis oder Problem vorhersehen können. Dieser Drang nach Kontrolle geht

oft nach hinten los, da eine übermäßige
Analyse von Situationen zu
Entscheidungslähmung, Frustration und
dem Gefühl führt, außer Kontrolle zu sein.

3. **Perfektionismus**
Überdenker stellen oft unvorstellbar hohe
Ansprüche an sich selbst. Sie haben
Angst, Fehler zu machen, andere zu
enttäuschen oder ihren eigenen
Erwartungen nicht gerecht zu werden.
Infolgedessen analysieren sie jede
Entscheidung, die sie treffen, zu sehr, weil
sie befürchten, dass ein einziger Fehltritt
zum Scheitern oder zur Peinlichkeit
führen könnte. Diese perfektionistische
Denkweise fördert das Überdenken,
indem sie die Menschen glauben lässt,
dass es immer eine „richtige" Antwort
oder ein „perfektes" Ergebnis gibt, und
wenn sie nur intensiv genug nachdenken,
werden sie sie finden.

4. **Angst vor Versagen oder Ablehnung**
Die Angst vor Versagen oder Ablehnung
führt oft zu übermäßigem Nachdenken.

Menschen sind besessen davon, negative Folgen zu antizipieren, und anstatt Maßnahmen zu ergreifen, bleiben sie in einer Schleife der Unentschlossenheit und Sorge stecken. Beispielsweise könnte es sein, dass jemand zu viel nachdenkt, bevor er am Arbeitsplatz um eine Beförderung bittet, und darüber nachdenkt, wie sein Antrag abgelehnt werden oder zu Kritik führen könnte. Diese angstgetriebene Überanalyse hält Menschen oft davon ab, Risiken einzugehen oder Chancen zu verfolgen, die ihnen nützen könnten.

5. **Vergangene Traumata oder negative Erfahrungen**
   Menschen, die ein Trauma, einen Verlust oder erhebliche negative Erfahrungen erlebt haben, neigen oft eher dazu, zu viel nachzudenken. Ihr Geist könnte darauf konditioniert sein, schmerzhafte Erinnerungen noch einmal durchzuspielen oder zu analysieren, wie sie die Dinge hätten anders machen können. Im Laufe der Zeit kann dies zu einem Muster des

Grübelns führen, bei dem die Person alte Fehler oder schlechte Ergebnisse noch einmal durchspielt, um zukünftigen Schmerzen vorzubeugen. Leider führt diese Konzentration auf die Vergangenheit nur zu noch mehr Leid in der Gegenwart.

6. **Angstzustände und psychische Gesundheitsprobleme**

Angst und übermäßiges Nachdenken sind oft eng miteinander verbunden. Für Menschen mit generalisierter Angststörung (GAD), Zwangsstörung (OCD) oder anderen psychischen Erkrankungen kann übermäßiges Nachdenken ein ständiger Begleiter sein. Angst treibt das Gehirn dazu, sich auf potenzielle Bedrohungen oder Sorgen zu konzentrieren, was zu einer ständigen Überanalyse führt. In diesen Fällen ist übermäßiges Nachdenken nicht nur eine Gewohnheit, sondern ein Symptom eines tiefer liegenden psychologischen Problems, das ein Eingreifen erfordert.

Die Neurowissenschaft hinter dem Überdenken

Das Gehirn ist ein leistungsstarkes Organ, das uns bei der Analyse, Planung und Entscheidungsfindung helfen soll. Wenn diese kognitiven Funktionen jedoch überbeansprucht werden, kann es zu übermäßigem Nachdenken kommen. Um zu verstehen, warum es zu übermäßigem Nachdenken kommt, ist es wichtig, sich die Struktur des Gehirns und die Art und Weise, wie es Gedanken verarbeitet, anzusehen.

1. **Der präfrontale Kortex: Der Spielplatz des Denkers**
   Der präfrontale Kortex (PFC) ist der Teil des Gehirns, der für das Denken, Entscheiden und Planen auf höherer Ebene verantwortlich ist. Es ist der Bereich, der es uns ermöglicht, über vergangene Erfahrungen nachzudenken,

Optionen abzuwägen und zukünftige Ereignisse vorherzusehen. Während der PFC für rationales Denken unerlässlich ist, kann er auch die Quelle von Überdenken sein. Wenn Überdenker diesen Teil des Gehirns zu sehr beanspruchen, geraten sie in eine Analyseschleife, ohne jemals zu einem Ergebnis zu gelangen.

2. **Die Amygdala: Das Angstzentrum des Gehirns**

Die Amygdala liegt tief im Gehirn und ist für die Verarbeitung von Emotionen, insbesondere Angst und Unruhe, verantwortlich. Bei Unsicherheit oder vermeintlichen Bedrohungen schaltet die Amygdala auf Hochtouren und löst eine „Kampf-oder-Flucht"-Reaktion aus. Bei übermäßig denkenden Menschen kann die Amygdala Angst- und Sorgengefühle verstärken und so den Kreislauf der Überanalyse anheizen. Die ständige Aktivierung der Amygdala hält das Gehirn in höchster Alarmbereitschaft, was es schwierig macht, sich zu entspannen oder den Gedankenfluss zu stoppen.

3. **Überaktivität im Default Mode Network (DMN)**
Das Default Mode Network (DMN) ist eine Ansammlung von Gehirnregionen, die aktiv werden, wenn wir uns nicht auf die Außenwelt konzentrieren – im Wesentlichen, wenn unser Geist ruht oder umherschweift. Untersuchungen legen nahe, dass Überaktivität im DMN mit Grübeln und übermäßigem Nachdenken zusammenhängt. Bei übermäßig denkenden Menschen kann das DMN hyperaktiv sein, was dazu führt, dass sie ständig vergangene Ereignisse durchdenken oder sich Sorgen um die Zukunft machen, selbst wenn sie versuchen, sich zu entspannen oder sich auf etwas anderes zu konzentrieren.

4. **Cortisol und die Stressreaktion**
Übermäßiges Nachdenken löst oft die Ausschüttung von Cortisol, dem Stresshormon, aus. Wenn das Gehirn eine

Bedrohung wahrnimmt – selbst wenn es sich nur um die Sorge vor etwas handelt, das passieren könnte – schüttet der Körper Cortisol aus, um sich auf eine Stresssituation vorzubereiten. Mit der Zeit kann ein hoher Cortisolspiegel das Gedächtnis, die Entscheidungsfindung und die emotionale Regulierung beeinträchtigen, was zu noch mehr Überdenken führt. Dadurch entsteht eine Rückkopplungsschleife: Stress führt zu übermäßigem Nachdenken, was zu noch mehr Stress führt.

5. **Neuroplastizität: Das Gehirn des Überdenkers neu verkabeln**

Neuroplastizität ist die Fähigkeit des Gehirns, sich durch die Bildung neuer neuronaler Verbindungen im Laufe des Lebens neu zu organisieren. Das heißt, je mehr Sie sich auf ein bestimmtes Gedankenmuster einlassen, desto mehr ist Ihr Gehirn darauf programmiert, dieses Muster zu wiederholen. Überdenker trainieren ihr Gehirn im Wesentlichen dazu, zu viel zu analysieren, indem sie wiederholt zu viel nachdenken. Neuroplastizität bedeutet jedoch auch, dass Sie Ihr Gehirn so umprogrammieren können, dass es gesündere Denkgewohnheiten annimmt. Mit etwas Übung können Sie Ihr Gehirn trainieren, aus dem Kreislauf des Überdenkens auszubrechen und ausgewogenere Denkprozesse zu entwickeln.

Häufige Auslöser für übermäßiges Nachdenken

Während Überdenken oft ein innerer mentaler Prozess ist, wird es typischerweise durch äußere oder emotionale Faktoren ausgelöst. Das Erkennen dieser Auslöser ist der erste Schritt, um zu lernen, wie man mit Überdenken umgeht und es reduziert.

1. **Unsicherheit und Mehrdeutigkeit**
   Bei unklaren Situationen tendieren

Überdenker dazu, die Lücken mit Worst-Case-Szenarien zu füllen. Ob beim Warten auf die Ergebnisse eines medizinischen Tests, bei der Unsicherheit in Beziehungen oder bei Unklarheiten am Arbeitsplatz – der Mangel an klaren Antworten löst oft eine Spirale der Überanalyse aus. Überdenker sehnen sich nach Gewissheit und Kontrolle, und wenn diese fehlen, geraten ihre Gedanken auf Hochtouren.

2. **Große Lebensentscheidungen**
Wichtige Entscheidungen – wie die Berufswahl, der Umzug in eine neue Stadt oder das Eingehen einer ernsthaften Beziehung – sind der Hauptauslöser für übermäßiges Nachdenken. Es steht viel auf dem Spiel und Überdenker haben oft Angst, die falsche Wahl zu treffen. Dies kann zu einer Entscheidungslähmung führen, bei der sie nicht in der Lage sind, voranzukommen, weil sie in der Abwägungsschleife aller möglichen Ergebnisse stecken bleiben.

3. **Soziale Situationen**

   Soziale Interaktionen können übermäßiges Nachdenken auslösen, insbesondere bei Menschen, die unsicher sind oder soziale Ängste haben. Überdenkende Menschen können Gespräche im Kopf noch einmal abspielen und sich Gedanken darüber machen, was sie gesagt haben, wie sie wahrgenommen wurden oder ob sie einen guten Eindruck hinterlassen haben. Dies kann zu einem ständigen Zustand der Selbstkritik und des Zweifels führen.

4. **Vergangene Fehler oder Bedauern**

   Menschen, die dazu neigen, über ihre Vergangenheit nachzudenken, neigen eher dazu, zu viel nachzudenken. Ganz gleich, ob es sich um eine gescheiterte Beziehung, einen Fehler bei der Arbeit oder eine verpasste Chance handelt – Überdenker spielen diese Ereignisse oft im Geiste noch einmal ab und analysieren, was sie hätten anders machen können. Dieses Grübeln hält sie in der

Vergangenheit fest und hindert sie daran, vorwärts zu kommen.

5. **Angst vor Urteil oder Kritik**
Überdenker machen sich oft Sorgen darüber, wie andere sie wahrnehmen. Ganz gleich, ob es sich um die Angst vor dem Urteil von Gleichaltrigen, Familienangehörigen oder Kollegen handelt, diese Sorge vor externen Meinungen kann einen Kreislauf der Überanalyse auslösen. Überdenkende Menschen verbringen möglicherweise Stunden damit, ihre Handlungen oder Worte zu überdenken, weil sie befürchten, dass sie etwas Falsches gesagt oder einen schlechten Eindruck hinterlassen haben.

6. **Hohe Erwartungen und Druck**
Wenn Menschen unrealistische Erwartungen an sich selbst stellen, kann dies zu intensivem Überdenken führen. Überdenker setzen sich oft selbst unter Druck, Perfektion zu erreichen, sei es im Beruf, in Beziehungen oder bei persönlichen Zielen. Dieser Druck, perfekt

zu sein, kann dazu führen, dass sich selbst kleine Aufgaben überwältigend anfühlen, was zu endlosen Zyklen von Zweifeln und Selbstkritik führt.

Arten des Überdenkens

Überdenken manifestiert sich in verschiedenen Formen, jede mit ihren eigenen Mustern und Konsequenzen. Das Verständnis der verschiedenen Arten des Überdenkens ist entscheidend, um zu erkennen, wie es sich auf unser tägliches Leben und unser geistiges Wohlbefinden auswirkt. Hier untersuchen wir vier Schlüsseltypen des Überdenkens: **Wiederkäuen**, **Sorge**, **katastrophal**, Und **Entscheidungslähmung**, und wir erklären auch, wie diese Muster die Fähigkeit einer Person beeinträchtigen, zu funktionieren und klare Entscheidungen zu treffen.

Grübeln vs. Sorgen: Was ist der Unterschied?

Auf den ersten Blick, **Wiederkäuen** Und **Sorge** kann wie zwei Seiten derselben Medaille erscheinen, beide beinhalten anhaltende, sich wiederholende Gedanken. Sie unterscheiden sich jedoch in ihrem Fokus, ihrer Richtung und ihrer emotionalen Wirkung. Während beide schädlich sein können, kann das Verständnis der Unterschiede zwischen ihnen dabei helfen, die spezifischen Denkmuster anzugehen, die den Geist eines Überdenkers dominieren.

Rumination: Die endlose Wiederholung der Vergangenheit

Grübeln bezieht sich auf das Nachdenken über vergangene Erfahrungen, insbesondere über negative Ereignisse oder Ergebnisse. Es handelt sich um einen mentalen Prozess, bei dem der Geist in einer Schleife des Wiederholens von bereits Geschehenem gefangen ist, oft mit dem Ziel, die Vergangenheit zu verstehen oder zu

„reparieren". Menschen, die grübeln, denken möglicherweise über vergangene Fehler, verpasste Gelegenheiten oder schmerzhafte Situationen nach und analysieren ständig, was schief gelaufen ist oder was sie anders hätten tun sollen.

Hauptmerkmale des Wiederkäuens:

- **Konzentrieren Sie sich auf die Vergangenheit:** Grübeln dreht sich um Ereignisse, die bereits stattgefunden haben, und konzentriert sich oft auf vermeintliche Misserfolge, Fehler oder Bedauern.
- **Selbstkritik:** Grübelnde Überdenker kritisieren sich häufig selbst für ihre vergangenen Handlungen oder Unterlassungen, was zu Schuld- oder Schamgefühlen führt.
- **Mangelnde Auflösung:** Der Geist geht ständig dieselben Gedanken durch, ohne zu einer produktiven Schlussfolgerung oder Lösung zu gelangen, was zu

anhaltendem emotionalem Stress führen kann.

- **Emotionale Wirkung:** Grübeln ist eng mit Depressionen und geringem Selbstwertgefühl verbunden, da die ständige Wiederholung negativer Ereignisse das Gefühl der Hoffnungslosigkeit und Hilflosigkeit verstärkt.

Sorge: Die Zukunft antizipieren

Sorgen hingegen sind eine Form des Überdenkens, das sich auf zukünftige Ereignisse konzentriert, insbesondere auf solche, die schief gehen könnten. Wenn Menschen sich Sorgen machen, rechnen sie mit negativen Ergebnissen oder Worst-Case-Szenarien und stellen sich häufig potenzielle Bedrohungen oder Herausforderungen vor. Im Gegensatz zum Grübeln, das in der Vergangenheit feststeckt, sind Sorgen zukunftsorientiert und beschäftigen sich mit der Ungewissheit darüber, was als nächstes passieren könnte.

Hauptmerkmale von Sorgen:

- **Fokus auf die Zukunft:** Bei Sorgen geht es um Gedanken über potenzielle Probleme oder Gefahren, die noch nicht eingetreten sind. Überdenker antizipieren ständig, was in verschiedenen Situationen schief gehen könnte.

- **Angst und Furcht:** Sorge ist eng mit Angst verbunden, da sie von der Angst vor dem Unbekannten und der Unvorhersehbarkeit der Zukunft gespeist wird. Es kann von leichten Sorgen bis hin zu überwältigenden Ängsten reichen.

- **Versuch, die Ergebnisse zu kontrollieren:** Menschen, die sich Sorgen machen, glauben oft, dass sie sie irgendwie verhindern oder sich darauf vorbereiten können, indem sie alle möglichen negativen Folgen durchdenken. Dies ist jedoch selten effektiv, da viele zukünftige Ereignisse außerhalb ihrer Kontrolle liegen.

- **Körperliche Symptome:** Chronische Sorgen können zu körperlichen Symptomen wie erhöhter Herzfrequenz, Muskelverspannungen, Kopfschmerzen und Schlaflosigkeit führen, die alle mit einem erhöhten Stressniveau zusammenhängen.

Katastrophal: Das Schlimmste erwarten

Katastrophisieren ist eine besonders destruktive Form des Überdenkens, bei der eine Person voreilige Schlussfolgerungen zieht, selbst wenn es kaum Beweise dafür gibt. Dabei geht es darum, sich vorzustellen, dass in einer bestimmten Situation das extremste und negativste Ergebnis eintreten wird, was zu erhöhter Angst und Furcht führt.

Wie Katastrophisieren funktioniert:

Wenn eine Person in eine Katastrophe gerät, kann es sein, dass sie mit einem kleinen, relativ beherrschbaren Problem beginnt, ihr Denken jedoch schnell zu einem übertriebenen und äußerst negativen Szenario eskaliert. Wenn jemand beispielsweise bei der Arbeit eine kritische E-Mail erhält, kann es sein, dass er sofort an die Angst vor dem Verlust des Arbeitsplatzes, dem finanziellen Ruin und dem persönlichen Versagen denkt – auch wenn die tatsächliche Situation möglicherweise unbedeutend ist.

Hauptmerkmale der Katastrophisierung:

- **Übertreibung:** Das Kennzeichen der Katastrophisierung besteht darin, Situationen überproportional aufzublähen. Ein kleines Problem wird als Katastrophe angesehen, was zu großer Angst und Panik führt.
- **Worst-Case-Szenarien:** Überdenker, die Katastrophen begehen, fixieren sich häufig auf den schlimmsten Fall und

glauben, dass diese Extremszenarien nicht nur möglich, sondern wahrscheinlich sind.

- **Angstverstärker:** Katastrophisieren führt direkt zu Ängsten. Der Glaube, dass eine Katastrophe unmittelbar bevorsteht, hält den Geist in einem erhöhten Alarmzustand und sucht ständig nach potenziellen Bedrohungen.
- **Negative Spirale:** Sobald jemand anfängt, eine Katastrophe zu erleben, gerät sein Denken leicht in eine Abwärtsspirale. Ein negativer Gedanke führt zum nächsten und schafft eine Kette katastrophaler Möglichkeiten, die dazu führen, dass sich die Person hilflos und überfordert fühlt.

Beispiel für eine Katastrophe:

Stellen Sie sich einen Studenten vor, der eine Prüfung nicht besteht. Anstatt dies als ein isoliertes Ereignis zu betrachten, geraten sie in eine Katastrophe, indem sie glauben, dass dies bedeutet, dass sie den gesamten Kurs nicht bestehen, die Schule abbrechen und nie einen guten Job finden werden. Diese Art des Denkens kann den Einzelnen durch Angst und Stress lähmen, auch wenn die Wahrscheinlichkeit solch extremer Folgen sehr gering ist.

Entscheidungslähmung: Die Angst, Entscheidungen zu treffen

Entscheidungslähmung, oder **Unentschlossenheit**, tritt auf, wenn jemand von der Aussicht überwältigt wird, eine Entscheidung zu treffen, egal wie klein oder bedeutsam sie ist. Überdenker in diesem Zustand verbringen so viel Zeit damit, die Vor- und Nachteile jeder Option zu analysieren und abzuwägen, dass sie überhaupt keine Entscheidung treffen können. Diese Form des Überdenkens kann sich auf alles auswirken, von unbedeutenden täglichen Entscheidungen, etwa was man anzieht oder was man isst, bis hin zu lebensverändernden Entscheidungen wie der Berufswahl oder der Beendigung einer Beziehung.

Was verursacht Entscheidungslähmung?

- **Angst, die falsche Wahl zu treffen:** Einer der häufigsten Gründe für Entscheidungslähmungen ist die Angst vor Bedauern. Überdenker befürchten oft, dass sie negative Konsequenzen haben werden, wenn sie eine falsche Entscheidung treffen, und dass sie ihren Fehler nicht mehr rückgängig machen können. Diese Angst kann lähmend sein und dazu führen, dass sie überhaupt keine Entscheidung treffen.
- **Überwältigende Optionen:** Die Entscheidungslähmung wird oft durch zu viele Möglichkeiten verschlimmert. Angesichts einer großen Auswahl an Optionen geraten Überdenker möglicherweise in einen endlosen Kreislauf aus Vergleichen und Gegenüberstellungen, aus Angst, die „beste" Wahl zu verpassen.
- **Perfektionismus:** Überdenker glauben oft, dass es eine „richtige" oder „perfekte"

Entscheidung gibt und alles andere als diese inakzeptabel ist. Dies führt zu endlosen Überlegungen und Zweifeln.

Folgen einer Entscheidungslähmung:

- **Verpasste Chancen:** Die Unfähigkeit, Entscheidungen zu treffen, kann zu verpassten Chancen führen. Wenn Überdenker zu lange warten, um zu handeln, verpassen sie möglicherweise Fristen, Gelegenheiten oder andere Chancen, die ihnen hätten nützen können.

- **Bedauern und Selbstvorwürfe:** Ironischerweise führt genau die Angst, die Menschen davon abhält, Entscheidungen zu treffen – die Angst vor Bedauern – oft zu Bedauern, wenn Gelegenheiten verstreichen.

- **Geringes Selbstwertgefühl:** Ständiges Selbstzweifeln kann das Selbstvertrauen untergraben und es schwieriger machen, seinen Instinkten oder Urteilen in der Zukunft zu vertrauen.

Analyselähmung: Zu viel über jedes Detail nachdenken

Analyselähmung ist eine Form des Überdenkens, bei der eine Person so in die Analyse aller möglichen Aspekte einer Situation vertieft ist, dass sie nicht in der Lage ist, Fortschritte zu erzielen oder Maßnahmen zu ergreifen. Dies liegt daran, dass sie in einer Schleife des Nachdenkens und Überdenkens jedes Detail gefangen sind, bis zu dem Punkt, an dem sie nicht weiterkommen können.

Wie sich eine Analyselähmung entwickelt:

Eine Analyselähmung entsteht oft aus dem Wunsch, die „beste" oder „informierteste" Entscheidung zu treffen. Überdenker haben das Bedürfnis, alle verfügbaren Informationen zu sammeln, bevor sie eine Entscheidung treffen oder einen Plan in die Tat umsetzen. Die schiere Menge an Informationen und Optionen kann sie jedoch überfordern und zu Untätigkeit führen.

Hauptmerkmale der Analyselähmung:

- **Überfluss an Informationen:** Mit dem Aufkommen des Internets und moderner Technologie haben die Menschen Zugang zu mehr Informationen als je zuvor. Überdenkende Menschen könnten in die Falle tappen und endlos nach zusätzlichen Daten suchen, weil sie glauben, dass sie mit ein wenig mehr Recherche endlich genug haben, um eine Entscheidung zu treffen.

- **Perfektionismus:** Wie bei der Entscheidungslähmung spielt Perfektionismus auch bei der Analyselähmung eine bedeutende Rolle. Der Wunsch, über jeden Aspekt einer Situation absolut sicher zu sein, führt zu einer übermäßigen Analyse, die den Fortschritt verhindert.

- **Angst vor Unsicherheit:** Überdenker, die in einer Analyselähmung gefangen sind, glauben oft, dass sie das Ergebnis vorhersagen und kontrollieren können, wenn sie jedes mögliche Detail durchdenken. Dieses Bedürfnis nach Gewissheit ist jedoch unerfüllbar und der Wunsch nach vollständiger Kontrolle führt zur Untätigkeit.

Auswirkungen der Analyselähmung:

- **Untätigkeit und Stagnation:** Wenn Menschen zu viel Zeit mit der Analyse verbringen, kommen sie oft nicht voran. Ob es sich um ein Arbeitsprojekt, ein persönliches Ziel oder sogar eine einfache Entscheidung handelt, eine übermäßige Analyse hindert sie daran, voranzukommen.

- **Versäumte Fristen und Chancen:** Eine Analyselähmung kann dazu führen, dass Menschen wichtige Fristen oder Gelegenheiten verpassen, weil sie zu viel Zeit in der Planungsphase verbringen, ohne ihre Ideen umzusetzen.

- **Frustration und Burnout:** Ständiges Nachdenken über jedes Detail kann geistig anstrengend sein und zu

Frustration, Burnout und einem Gefühl
der Niederlage führen.

Der Zyklus des Überdenkens

Der Zyklus des übermäßigen Nachdenkens ist ein komplexes Zusammenspiel von Gedanken, Emotionen und Verhaltensweisen, das den Einzelnen in einer Dauerschleife übermäßigen Grübelns und Sorgens gefangen halten kann. Das Verständnis dieses Kreislaufs ist wichtig, um sich von seinen Zwängen zu befreien und eine gesündere Denkweise zu entwickeln. Im Folgenden untersuchen wir, wie sich negative Gedankenschleifen bilden, welche emotionalen Auslöser sie verstärken und welche verborgene Rolle Angst und Furcht bei der Aufrechterhaltung des Überdenkens spielen.

Wie negative Gedankenschleifen entstehen

Negative Gedankenschleifen sind wiederkehrende Denkmuster, die negative Überzeugungen und Gefühle verstärken. Diese Schleifen beginnen oft mit einem auslösenden Ereignis – einer Erfahrung oder einem Gedanken, der zum Nachdenken anregt. Von da an kann der Kreislauf außer Kontrolle geraten und einen sich selbst tragenden Kreislauf bilden, dem man nur schwer entkommen kann.

1. Das auslösende Ereignis:

Der Zyklus beginnt typischerweise mit einem bestimmten Auslöser, der extern (z. B. ein Streit, eine verpasste Gelegenheit) oder intern (z. B. ein selbstkritischer Gedanke) sein kann. Dieses Ereignis dient als Katalysator für übermäßiges Nachdenken und führt zu einer ersten Welle negativer Gedanken.

2. Anfänglicher negativer Gedanke:

Sobald der Auslöser eintritt, kann es sein, dass eine Person einen Ansturm negativer Gedanken verspürt. Diese Gedanken drehen sich oft um Selbstzweifel, Angst oder Ängste im Zusammenhang mit dem auslösenden Ereignis. Wenn jemand beispielsweise konstruktive Kritik erhalten hat, könnte er denken: „Ich vermassle immer." Ich bin ein Versager."

3. Die Rückkopplungsschleife:

Wenn sich diese ersten Gedanken durchsetzen, lösen sie weiteres negatives Denken aus. Diese Rückkopplungsschleife verstärkt die emotionale Reaktion und führt zu grübelnderen Gedanken. Beispielsweise kann der Gedanke, ein Versager zu sein, Erinnerungen an vergangene Fehler hervorrufen, was den Glauben an Unzulänglichkeit weiter verstärkt.

4. Eskalation negativer Gedanken:

Mit jeder Wiederholung der Schleife eskaliert die Intensität negativer Gedanken. Der Geist verfestigt sich in diesem Kreislauf, konzentriert sich auf Worst-Case-Szenarien und verstärkt das

Gefühl der Hilflosigkeit. Einzelpersonen können sich potenzieller Gefahren oder Fehler übermäßig bewusst werden, was das Überdenken noch weiter anheizt.

5. Erhöhter emotionaler Stress:

Je weiter der Zyklus andauert, desto tiefer wird die emotionale Belastung. Gefühle von Angst, Traurigkeit oder Frustration können sich verstärken und es noch schwieriger machen, aus dem Teufelskreis auszubrechen. Der Einzelne fühlt sich möglicherweise in seinen Gedanken gefangen, was zu Erschöpfung und Überforderung führt.

6. Schwierigkeiten bei der Problemlösung:

Ironischerweise entspringt übermäßiges Nachdenken oft dem Wunsch, Probleme zu lösen, es kann aber auch zu einem Zustand geistiger Lähmung führen. Der Einzelne ist so sehr damit beschäftigt, jeden Aspekt zu analysieren, dass er Schwierigkeiten hat, zu einer konstruktiven Lösung zu gelangen, wodurch der Teufelskreis am Laufen bleibt.

Emotionale Auslöser und der Schneeballeffekt

Emotionale Auslöser spielen im Zyklus des Überdenkens eine entscheidende Rolle. Diese Auslöser können von persönlichen Erfahrungen, Interaktionen mit anderen oder sogar sozialen Situationen ausgehen. Zu verstehen, wie sie zum Schneeballeffekt des Überdenkens beitragen, kann Wege für Veränderungen aufzeigen.

1. Identifizierung emotionaler Auslöser:

Emotionale Auslöser sind spezifische Reize, die starke emotionale Reaktionen hervorrufen. Dabei kann es sich um Worte, Situationen oder sogar Erinnerungen handeln, die Gefühle der Unsicherheit, Traurigkeit oder Angst hervorrufen. Beispielsweise kann ein Kommentar zum Aussehen einer Person tiefsitzende Unsicherheiten hinsichtlich des Körperbildes auslösen.

2. Verstärkung negativer Gedanken:

Sobald ein emotionaler Auslöser aktiviert wird, kann dies zu einem sofortigen Zustrom negativer Gedanken führen. Der Einzelne beginnt möglicherweise, seinen Wert in Frage zu stellen, was zu weiterer Selbstbeobachtung führt. Dadurch kann ein Schneeballeffekt entstehen, bei dem jeder negative Gedanke den nächsten verstärkt.

3. Die Rolle der Katastrophe:

Je stärker sich negative Gedanken verstärken, desto stärker wird die Tendenz zur Katastrophe. Dies bedeutet, dass die Person aufgrund ihrer emotionalen Reaktionen möglicherweise voreilige Schlussfolgerungen über ihre Fähigkeiten oder zukünftige Ergebnisse zieht. Ein kleiner Fehler bei der Arbeit kann zu Ängsten vor dem Verlust des Arbeitsplatzes führen und eine Flut von Sorgen und Ängsten auslösen.

4. Zyklus emotionaler Reaktionen:

Je mehr sich der Einzelne mit diesen negativen Gedanken beschäftigt, desto stärker werden seine emotionalen Reaktionen. Angstgefühle können zu körperlichen Symptomen wie Anspannung, Müdigkeit oder sogar Panikattacken führen und den Teufelskreis des Überdenkens weiter verfestigen.

5. Untätigkeit und Vermeidung:

Wenn der emotionale Aufruhr zunimmt, greifen Einzelpersonen möglicherweise auf Vermeidungsverhalten zurück, um mit ihrer Belastung umzugehen. Dazu kann das Aufschieben, der Rückzug aus sozialen Situationen oder das völlige Vermeiden von Entscheidungen gehören. Eine solche Vermeidung verstärkt den Kreislauf nur, da sie den Einzelnen daran hindert, sich mit dem ursprünglichen Auslöser auseinanderzusetzen oder konstruktive Maßnahmen zu ergreifen.

Die verborgene Rolle von Angst und Furcht

Angst und Furcht sind von zentraler Bedeutung für den Kreislauf des übermäßigen Nachdenkens und wirken sowohl als Katalysatoren als auch als Produkte übermäßigen Grübelns. Diese Emotionen können eine Rückkopplungsschleife erzeugen, die das Überdenken verschärft und negative Gedankenmuster verstärkt.

1. Angst als Katalysator:

Angst dient oft als Initialzündung für übermäßiges Nachdenken. Die Angst vor dem Unbekannten oder vor Fehlern kann dazu führen, dass Menschen Situationen überanalysieren, um die Ergebnisse zu kontrollieren. Diese Angst kann situativ (im Zusammenhang mit einem bestimmten Ereignis) oder generalisiert (anhaltende Sorgen über verschiedene Aspekte des Lebens) sein.

2. Angst vor dem Urteil:

Die Angst vor dem Urteil anderer kann das Überdenken verstärken. Einzelpersonen machen sich möglicherweise Sorgen darüber, wie sie wahrgenommen werden, was zu Selbstzweifeln und Zweifeln an ihren Handlungen führt. Diese Angst kann sie daran hindern, ihre Gedanken auszudrücken oder Entscheidungen zu treffen, was den Kreislauf weiter verfestigt.

3. Vermeidung und Verstärkung:

Wenn Angst und Furcht zunehmen, meiden Menschen möglicherweise Situationen, die diese Emotionen auslösen. Diese Vermeidung verschafft vorübergehende Linderung, verstärkt aber letztendlich die Angst. Wenn jemand beispielsweise soziale Situationen meidet, weil er Angst davor hat, beurteilt zu werden, kann es sein, dass er Gelegenheiten zur Kontaktaufnahme verpasst, was zu Gefühlen der Einsamkeit und weiteren Ängsten führt.

4. Die Angst-Gedanken-Schleife:

Die Beziehung zwischen Angst und negativen Gedanken schafft einen Teufelskreis. Angst erzeugt negative Gedanken, die wiederum die Angst verstärken. Beispielsweise kann die Sorge um eine Präsentation dazu führen, dass man an Unzulänglichkeit denkt, was wiederum die

Angst vor einer schlechten Leistung verstärkt.
Dieser Kreislauf kann sich selbst tragen und
schwer zu durchbrechen sein.

5. Bewältigungsmechanismen und ihre Auswirkungen:

Um ihre Ängste in den Griff zu bekommen,
greifen Menschen häufig auf ungesunde
Bewältigungsstrategien zurück, etwa auf
Substanzgebrauch oder den übermäßigen Einsatz
von Ablenkungstechniken. Diese können zwar
kurzfristig Linderung verschaffen, bekämpfen
aber nicht die Grundursachen des Überdenkens
und können den Kreislauf auf lange Sicht
fortsetzen.

Denkmuster erkennen

Das Erkennen von Denkmustern ist ein entscheidender Schritt, um übermäßiges Nachdenken zu überwinden und eine gesündere Denkweise zu entwickeln. Durch das Erkennen der Gewohnheiten, die zum Überdenken beitragen, können Einzelpersonen ein größeres Selbstbewusstsein entwickeln und kognitive Verzerrungen bekämpfen, die negatives Denken aufrechterhalten.

Überdenkende Gewohnheiten erkennen

Um übermäßiges Grübeln zu erkennen, muss man sich spezifischer Gedanken und Verhaltensweisen bewusst werden, die zu übermäßigem Grübeln und Sorgen führen. Dieses Selbstbewusstsein ist wichtig, um aus dem Teufelskreis des Überdenkens auszubrechen.

1. Überwachen Sie Ihre Gedanken:

Um übermäßiges Nachdenken zu erkennen, achten Sie zunächst auf Ihre Denkprozesse im Laufe des Tages. Führen Sie ein Tagebuch oder verwenden Sie eine Notiz-App, um aufkommende Gedanken aufzuschreiben, insbesondere als Reaktion auf Stress oder Unsicherheit. Suchen Sie nach Mustern in Ihrem Denken, wie zum Beispiel sich wiederholenden Fragen oder Themen.

2. Auslöser identifizieren:

Erkennen Sie die spezifischen Situationen oder Ereignisse, die zu übermäßigem Nachdenken führen. Gibt es bestimmte Kontexte (z. B. soziale Situationen, arbeitsbezogene Aufgaben), die dazu führen, dass Sie in negative Gedanken geraten? Die Identifizierung dieser Auslöser kann Ihnen helfen, Ihre Reaktionen in der Zukunft vorherzusehen und zu steuern.

3. Emotionale Reaktionen notieren:

Beobachten Sie, wie Ihre Gedanken Ihre Emotionen beeinflussen. Wann fühlen Sie sich ängstlich, gestresst oder überfordert? Wenn Sie die emotionale Wirkung Ihrer Gedanken verstehen, können Sie erkennen, welche Muster sich am schädlichsten auf Ihr Wohlbefinden auswirken.

4. Bewertung von Entscheidungsprozessen:

Analysieren Ihre Entscheidungsgewohnheiten. Denken Sie übermäßig über Entscheidungen nach? Neigen Sie dazu, Ihre Entscheidungen zu hinterfragen, lange nachdem sie getroffen wurden? Das Erkennen dieser Gewohnheiten kann Ihnen helfen zu verstehen, wie sich übermäßiges Nachdenken auf Ihre Handlungsfähigkeit auswirkt.

5. Feedback von anderen einholen:

Manchmal kann es schwierig sein, unsere eigenen Denkmuster zu erkennen. Bitten Sie vertrauenswürdige Freunde oder Familienmitglieder um Feedback zu Ihren Denkgewohnheiten. Sie können Einblicke in Ihre Tendenzen geben, die Sie selbst möglicherweise nicht bemerken.

Die Kraft der Selbsterkenntnis

Selbsterkenntnis ist die Grundlage für das Erkennen und Ändern übertriebener Denkgewohnheiten. Dabei geht es darum, sich der eigenen Gedanken, Gefühle und Verhaltensweisen bewusst zu sein und zu verstehen, wie sie sich gegenseitig beeinflussen.

1. Verbesserung der emotionalen Intelligenz:

Selbstwahrnehmung steigert die emotionale Intelligenz und ermöglicht es dem Einzelnen, seine Gefühle und die Gefühle anderer besser zu verstehen. Dies kann zu gesünderen Beziehungen und einer verbesserten Kommunikation führen und den Bedarf an übermäßigem Nachdenken verringern.

2. Einen vorurteilsfreien Raum schaffen:

Die Entwicklung des Selbstbewusstseins fördert einen nicht wertenden Umgang mit den eigenen Gedanken. Anstatt sich selbst dafür zu kritisieren, dass Sie zu viel nachdenken, üben Sie sich darin, Ihre Gedanken mit Neugier und Mitgefühl zu beobachten. Dieser Perspektivwechsel kann das emotionale Gewicht des negativen Denkens verringern.

3. Identifizieren automatischer Gedanken:

Selbstwahrnehmung hilft dem Einzelnen, automatische Gedanken zu erkennen – jene unmittelbaren, ungefilterten Reaktionen, die als Reaktion auf Situationen entstehen. Indem Sie diese automatischen Gedanken erkennen, können Sie beginnen, sie zu hinterfragen und neu zu formulieren und so den Kreislauf des Überdenkens zu durchbrechen.

4. Achtsamkeitspraktiken:

Achtsamkeitsübungen wie Meditation oder tiefes Atmen können das Selbstbewusstsein stärken. Achtsamkeit ermutigt Sie, Ihre Gedanken ohne Wertung zu beobachten und hilft Ihnen zu erkennen, wenn Sie in übermäßige Denkmuster verfallen.

5. Absichtliche Ziele setzen:

Selbsterkenntnis ermöglicht das Setzen absichtlicher Ziele im Zusammenhang mit Denkmustern. Indem Sie bestimmte Gewohnheiten identifizieren, die Sie ändern möchten, können Sie umsetzbare Schritte unternehmen, um übermäßiges Nachdenken zu reduzieren und eine ausgewogenere Denkweise zu fördern.

Häufige kognitive Verzerrungen

Kognitive Verzerrungen sind negative Denkmuster, die zu übermäßigem Nachdenken führen können. Durch die Identifizierung dieser Verzerrungen können Einzelpersonen ihr Denken hinterfragen und neu definieren und so die Intensität ihrer übermäßigen Denkgewohnheiten verringern. Hier sind einige der häufigsten kognitiven Verzerrungen:

1. Alles-oder-Nichts-Denken:

Bei dieser Verzerrung geht es darum, Situationen schwarz-weiß zu sehen, ohne Graubereiche zu erkennen. Wenn Sie beispielsweise bei der Arbeit einen Fehler machen, denken Sie vielleicht: „Ich bin ein völliger Versager." Dieses extreme Denken verhindert eine ausgewogene Sicht auf sich selbst und Ihre Fähigkeiten.

Auswirkungen auf das Überdenken:
Alles-oder-Nichts-Denken kann zu Gefühlen der Unzulänglichkeit und Angst vor dem Scheitern führen und den Einzelnen dazu veranlassen, jede Handlung überzuanalysieren, um den Eindruck eines Scheiterns zu vermeiden.

2. Gedankenlesen:

Beim Gedankenlesen geht man davon aus, dass man weiß, was andere denken, wobei man oft davon ausgeht, dass sie eine negative Meinung über einen haben. Du könntest zum Beispiel denken: „Sie haben mich nicht zu ihrer Party eingeladen, weil sie mich nicht mögen."

Auswirkungen auf das Überdenken: Diese Verzerrung kann zu sozialer Angst und übermäßiger Sorge darüber führen, wie andere Sie wahrnehmen, was zu Vermeidungsverhalten und grübelnden Gedanken über soziale Interaktionen führt.

3. Katastrophalisierend:

Dabei geht es darum, in jeder Situation das schlechtestmögliche Ergebnis zu erwarten, oft ohne Begründung. Wenn Sie beispielsweise zu spät zu einer Besprechung kommen, denken Sie vielleicht: „Ich verliere meinen Job, weil ich zu spät gekommen bin."

Auswirkungen auf das Überdenken: Das Katastrophisieren erzeugt ein erhöhtes Gefühl von Furcht und Unruhe, was dazu führt, dass Situationen gänzlich vermieden werden und man sich nicht auf konstruktive Lösungen konzentrieren kann.

4. Übergeneralisierung:

Bei der Übergeneralisierung werden umfassende Schlussfolgerungen auf der Grundlage eines einzelnen Ereignisses gezogen. Nachdem Sie beispielsweise ein negatives Feedback erhalten haben, könnten Sie denken: „Ich werde immer etwas vermasseln."

Auswirkungen auf das Überdenken: Dieses Gedankenmuster kann ein anhaltendes Gefühl der Hoffnungslosigkeit hervorrufen und Menschen dazu ermutigen, neue Herausforderungen zu meiden, weil sie befürchten, Fehler der Vergangenheit zu wiederholen.

5. Personalisierung:

Personalisierung liegt vor, wenn Sie die Verantwortung für Ereignisse übernehmen, die außerhalb Ihrer Kontrolle liegen. Wenn zum Beispiel ein Freund verärgert ist, denken Sie vielleicht: „Es ist meine Schuld; Ich muss etwas falsch gemacht haben."

Auswirkungen auf das Überdenken: Diese Verzerrung kann zu übermäßigen Schuldgefühlen und Selbstvorwürfen führen und einen Kreislauf des Überdenkens erzeugen, der den Einzelnen daran hindert, Situationen objektiv zu sehen.

6. Filterung:

Beim Filtern geht es darum, sich ausschließlich auf die negativen Aspekte einer Situation zu konzentrieren und die positiven Aspekte zu ignorieren. Wenn Sie beispielsweise Lob für eine Präsentation erhalten, aber nur eine einzige Kritik erhalten, könnten Sie sich auf die Kritik konzentrieren.

Auswirkungen auf das Überdenken: Das Filtern verstärkt die negative Selbstwahrnehmung und kann zu einer erhöhten

Angst vor der Leistung führen, was dazu führt,
dass zukünftige Situationen überanalysiert
werden müssen.

Achtsamkeit: Der Schlüssel zur geistigen Freiheit

Achtsamkeit ist eine kraftvolle Praxis, die übermäßiges Nachdenken erheblich lindern, geistige Klarheit fördern und das emotionale Wohlbefinden steigern kann. Durch die Förderung eines Zustands des Bewusstseins und der Präsenz ermöglicht Achtsamkeit dem Einzelnen, seine Gedanken ohne Urteil zu beobachten und so den Einfluss negativer Gedankenmuster zu verringern.

Wie Achtsamkeit hilft, übermäßiges Nachdenken zu stoppen

Achtsamkeit funktioniert, indem sie Fokus und Aufmerksamkeit umlenkt und es dem Einzelnen ermöglicht, von seinen Gedanken und Gefühlen Abstand zu nehmen. Dieser Prozess kann den Kreislauf des Überdenkens auf verschiedene Weise effektiv durchbrechen:

1. Bewusstsein für Gedanken:

Achtsamkeit ermutigt den Einzelnen, sich seiner aufkommenden Gedanken bewusst zu werden und schafft so einen Raum zwischen dem Denker und dem Gedanken. Dieses Bewusstsein hilft dem Einzelnen, Muster zu überdenken, ohne sich in ihnen zu verfangen. Indem man Gedanken als vorübergehende Phänomene und nicht als absolute Wahrheiten betrachtet, kann man ihre emotionale Wirkung verringern.

2. Nicht wertende Beobachtung:

In der Achtsamkeitspraxis lernen Einzelpersonen, ihre Gedanken und Gefühle ohne Urteil zu beobachten. Diese nicht reaktive Haltung trägt dazu bei, Schuld-, Scham- oder Frustrationsgefühle zu verringern, die häufig mit übermäßigem Nachdenken einhergehen. Anstatt sich selbst für das Grübeln zu kritisieren, fördert Achtsamkeit Selbstmitgefühl und Akzeptanz.

3. Verankerung in der Gegenwart:

Achtsamkeit betont die Wichtigkeit, präsent zu bleiben. Indem man sich auf das Hier und Jetzt konzentriert, kann man sich von den Gedankenspiralen über die Vergangenheit oder die Zukunft lösen. Dieses Bewusstsein für den gegenwärtigen Moment fungiert als Anker, reduziert Ängste und verhindert, dass der Geist in übermäßiges Nachdenken abdriftet.

4. Reduzierung von Stressreaktionen:

Es hat sich gezeigt, dass Achtsamkeitsübungen die Entspannungsreaktion des Körpers aktivieren und den Cortisolspiegel und andere Stresshormone senken. Diese physiologische Veränderung kann dazu beitragen, die Angst zu lindern, die oft zu übermäßigem Nachdenken führt, und einen ruhigeren Geisteszustand zu schaffen.

5. Verbesserung der emotionalen Regulierung:

Durch Achtsamkeit entwickeln Menschen eine größere emotionale Intelligenz, die es ihnen ermöglicht, ihre Emotionen klarer zu erkennen und zu verstehen. Dieses Verständnis ermöglicht gesündere emotionale Reaktionen und verringert die Wahrscheinlichkeit, von negativen Gefühlen überwältigt zu werden, die zu übermäßigem Nachdenken führen.

Einfache Achtsamkeitsübungen für das tägliche Leben

Achtsamkeit in den Alltag zu integrieren kann einfach und effektiv sein. Hier sind einige einfache Übungen, die Einzelpersonen dabei helfen können, den ganzen Tag über Achtsamkeit zu kultivieren:

1. Achtsames Atmen:

Eine der einfachsten Formen der Achtsamkeitspraxis, die achtsame Atmung, besteht darin, auf den Atem zu achten. Nehmen Sie sich einen Moment Zeit, um sich ausschließlich auf das Gefühl zu konzentrieren, wie Ihr Atem in Ihren Körper eindringt und ihn verlässt. Wenn Ihr Geist abschweift, lenken Sie ihn sanft zurück zu Ihrem Atem. Diese Übung kann überall und jederzeit durchgeführt werden und ist besonders in stressigen Momenten nützlich.

2. Body-Scan-Meditation:

Bei einem Körperscan wird Ihr Körper von Kopf bis Fuß gedanklich abgetastet und dabei alle Empfindungen, Spannungen oder unangenehmen Bereiche festgestellt. Diese Praxis fördert das Bewusstsein für körperliche Empfindungen und fördert die Entspannung. Nehmen Sie sich 5–10 Minuten Zeit, um bequem zu sitzen oder sich hinzulegen, und konzentrieren Sie sich auf jeden Teil Ihres Körpers, wobei Sie dabei Spannungen lösen.

3. Achtsames Gehen:

Verwandeln Sie einen normalen Spaziergang in eine Achtsamkeitsübung, indem Sie sich auf die Empfindungen beim Gehen konzentrieren – das Gefühl, wie Ihre Füße den Boden berühren, den Rhythmus Ihrer Schritte und die Anblicke und Geräusche um Sie herum. Achtsames Gehen hilft Ihnen, sich mit Ihrem Körper und der Umwelt zu verbinden und Ihr Bewusstsein für den gegenwärtigen Moment zu stärken.

4. Achtsames Essen:

Verwandeln Sie die Essenszeit in eine Achtsamkeitsübung, indem Sie jeden Bissen genießen. Achten Sie auf den Geschmack, die Textur und das Aroma Ihrer Lebensmittel. Achtsames Essen fördert die Wertschätzung für das Essen und fördert gesündere Essgewohnheiten, während es gleichzeitig als Moment der Erdung im Alltag dient.

5. Fünf-Sinne-Übung:

Beanspruchen Sie Ihre Sinne, um Achtsamkeit zu kultivieren. Nehmen Sie sich einen Moment Zeit, um etwas wahrzunehmen, das Sie sehen, hören, riechen, schmecken und berühren können. Diese Übung lenkt Ihre Aufmerksamkeit auf den gegenwärtigen Moment und hilft, den Kreislauf des Überdenkens zu durchbrechen, indem sie Sie in Ihrer unmittelbaren Umgebung verankert.

Erdungstechniken, um präsent zu bleiben

Erdungstechniken sind praktische Strategien, die dem Einzelnen helfen, sich wieder mit dem gegenwärtigen Moment zu verbinden, insbesondere in Zeiten der Not oder überwältigender Gedanken. Hier sind einige wirksame Erdungstechniken, die Sie ausprobieren können:

1. 5-4-3-2-1-Technik:

Diese Technik ermutigt Sie, sich zu erden, indem Sie sich auf Ihre Sinne konzentrieren. Identifizieren:

- **5 Dinge, die Sie sehen können**
- **4 Dinge, die du anfassen kannst**
- **3 Dinge, die Sie hören können**
- **2 Dinge, die man riechen kann**
- **1 Sache, die man schmecken kann**

Diese sensorische Interaktion hilft dabei, Ihren Fokus weg von ängstlichen Gedanken und hin zu Ihrer unmittelbaren Umgebung zu verlagern.

2. Atemübungen:

Üben Tiefes Atmen kann helfen, Ihr Nervensystem zu beruhigen und Ihren Geist neu zu fokussieren. Atmen Sie tief durch die Nase ein und zählen Sie bis vier, halten Sie den Atem an und zählen Sie bis vier und atmen Sie langsam durch den Mund aus, bis Sie sechs zählen. Wiederholen Sie diesen Zyklus mehrmals, um Entspannung und Präsenz zu fördern.

3. Erdungsobjekte:

Tragen Sie einen kleinen Gegenstand, etwa einen glatten Stein oder ein Stück Stoff, bei sich, den Sie anfassen können, wenn Sie sich überfordert fühlen. Wenn Sie sich auf die Textur und das Gefühl des Objekts konzentrieren, können Sie Ihre Aufmerksamkeit wieder auf den gegenwärtigen Moment lenken.

4. Affirmationen:

Die Verwendung positiver Affirmationen kann Sie in der Gegenwart verankern. Erstellen Sie eine Liste mit Affirmationen, die Sie ansprechen, wie zum Beispiel „Ich bin in diesem Moment in Sicherheit" oder „Ich habe die Kraft, damit umzugehen." Wiederholen Sie diese Affirmationen in stressigen Zeiten für sich.

5. Naturverbindung:

Zeit in der Natur zu verbringen kann eine wirksame Erdungstechnik sein. Beteiligen Sie sich an Ihrer Umgebung, indem Sie die Geräusche der Vögel, das Gefühl des Grases unter Ihren Füßen oder die Farben der Blätter wahrnehmen. Die Natur hat eine beruhigende Wirkung, die Ihnen helfen kann, Ihre Gedanken zu zentrieren.

Kontrollieren Sie Ihren inneren Dialog

Die Kontrolle Ihres inneren Dialogs ist wichtig, um übermäßiges Nachdenken zu überwinden und eine positive Denkweise zu fördern. Unsere Gedanken beeinflussen maßgeblich, wie wir uns selbst und die Welt um uns herum wahrnehmen. Indem der Einzelne lernt, mit dieser inneren Stimme umzugehen, kann er seine Erfahrungen verändern, Ängste reduzieren und das allgemeine Wohlbefinden steigern.

Verstehen Sie Ihren inneren Kritiker

Der innere Kritiker ist die nörgelnde Stimme in Ihrem Kopf, die unaufgefordert Urteile und harte Bewertungen abgibt. Es kann sich in Selbstzweifeln, Perfektionismus oder ständigen Vergleichen mit anderen äußern. Das Verstehen dieses inneren Kritikers ist der erste Schritt zur Kontrolle Ihres inneren Dialogs.

1. Identifizierung des inneren Kritikers:

Erkennen Sie die spezifischen Phrasen und Botschaften, die Ihr innerer Kritiker verwendet. Gängige Ausdrücke könnten sein: „Du bist nicht gut genug“, „Du bringst immer alles durcheinander“ oder „Warum kannst du nicht so sein wie sie?“ Indem Sie diese negativen Gedanken identifizieren, können Sie beginnen, Muster in Ihren Selbstgesprächen zu erkennen.

2. Ursprünge des inneren Kritikers:

Oft wird der innere Kritiker durch vergangene Erfahrungen, gesellschaftliche Erwartungen und erlernte Verhaltensweisen geprägt. Es kann auf Kindheitserlebnissen beruhen, beispielsweise auf Kritik von Eltern oder Gleichaltrigen. Wenn Sie die Ursprünge Ihres inneren Kritikers verstehen, können Sie seine Präsenz in einen Kontext einordnen und seine Macht reduzieren.

3. Die Auswirkungen erkennen:

Der innere Kritiker kann einen tiefgreifenden Einfluss auf Ihr emotionales und geistiges Wohlbefinden haben. Es kann zu Gefühlen der Unzulänglichkeit, Angst und Depression führen und einen Kreislauf aus Überdenken und Selbstsabotage begünstigen. Das Erkennen dieser Auswirkungen ist entscheidend für die Motivation von Veränderungen.

4. Den inneren Kritiker herausfordern:

Um die Kontrolle über Ihren inneren Dialog zu erlangen, ist es wichtig, die Gültigkeit des inneren Kritikers in Frage zu stellen. Stellen Sie sich Fragen wie: „Basiert dieser Gedanke auf Fakten?" oder „Würde ich das einem Freund sagen?" Diese kritische Auseinandersetzung kann die Autorität des Kritikers schwächen.

Negative Gedanken auffrischen

Beim Reframing geht es darum, die Perspektive auf eine Situation zu ändern und negative Gedanken in ausgewogenere und konstruktivere umzuwandeln. Diese Technik ist ein leistungsstarkes Werkzeug zur Kontrolle Ihres inneren Dialogs und zur Reduzierung von Überdenken.

1. Identifizieren Sie negative Gedanken:

Beginnen Sie damit, Ihre Gedanken zu überwachen und negative Muster zu identifizieren. Schreiben Sie Fälle auf, in denen Sie negative Selbstgespräche führen. Diese Praxis schärft das Bewusstsein und hilft Ihnen zu erkennen, wann Sie in einen negativen Gedankenkreislauf geraten.

2. Stellen Sie die Erzählung in Frage:

Wenn Sie negative Gedanken identifiziert haben, stellen Sie deren Gültigkeit in Frage. Betrachten Sie Beweise für und gegen diese Gedanken. Wenn Sie beispielsweise denken: „Ich versage immer", denken Sie über vergangene Erfolge und Situationen nach, in denen Sie gute Leistungen erbracht haben.

3. Alternative Perspektiven schaffen:

Überlegen Sie sich für jeden negativen Gedanken ausgewogenere oder positivere Alternativen. Anstelle von „Ich komme damit nicht zurecht" formulieren Sie es um in „Das ist eine Herausforderung, aber ich kann daraus lernen und wachsen." Dieser Sprachwechsel kann die Art und Weise, wie Sie die Situation wahrnehmen, erheblich beeinflussen.

4. Üben Sie kognitive Distanzierung:

Bei der kognitiven Distanzierung geht es darum, Ihre Gedanken als von sich selbst getrennt zu betrachten. Anstatt zu sagen: „Ich habe Angst", versuchen Sie zu sagen: „Ich habe ängstliche Gedanken." Dieser Ansatz kann das emotionale Gewicht negativer Gedanken reduzieren und für Klarheit sorgen.

5. Visualisieren Sie positive Ergebnisse:

Wenn Sie mit einem negativen Gedanken konfrontiert werden, stellen Sie sich stattdessen ein positives Ergebnis vor. Stellen Sie sich vor, wie Sie sich fühlen würden und welche Schritte Sie unternehmen würden, um erfolgreich zu sein. Diese Technik kann dazu beitragen, Ihr Gehirn neu zu programmieren, um positive Erfahrungen zu erwarten, und so Ängste und übermäßiges Nachdenken reduzieren.

Positive Selbstgespräche und Affirmationen

Positive Selbstgespräche und Affirmationen sind wirkungsvolle Praktiken, die Ihren inneren Dialog neu gestalten und eine positivere und konstruktivere Denkweise fördern können.

1. Die Bedeutung positiver Selbstgespräche:

Beim positiven Selbstgespräch geht es darum, bewusst eine bejahende und unterstützende Sprache zu verwenden, wenn man sich selbst anspricht. Diese Praxis wirkt der Negativität des inneren Kritikers entgegen und fördert Selbstmitgefühl und Belastbarkeit.

2. Effektive Affirmationen erstellen:

Affirmationen sind positive Aussagen, die das Selbstwertgefühl und die Leistungsfähigkeit stärken. Stellen Sie beim Erstellen von Affirmationen sicher, dass diese spezifisch, präsent und persönlich bedeutsam sind. Anstatt beispielsweise zu sagen: „Ich werde zuversichtlich sein", verwenden Sie „Ich bin zuversichtlich und fähig."

3. Wiederholung und Konsistenz:

Damit Affirmationen wirksam sind, sollten sie regelmäßig geübt werden. Rezitiere deine Affirmationen täglich, am besten vor einem Spiegel. Diese Wiederholung trägt dazu bei, diese positiven Überzeugungen in Ihrem Unterbewusstsein zu verankern und Ihren inneren Dialog schrittweise zu verändern.

4. Affirmationen in das tägliche Leben integrieren:

Finden Sie im Laufe des Tages Momente, in denen Sie Affirmationen integrieren können. Ob während der Morgenroutine, beim Pendeln oder vor wichtigen Aufgaben – die konsequente Nutzung positiver Selbstgespräche kann Ihre Denkweise verändern und übermäßiges Nachdenken reduzieren.

5. Kleine Erfolge feiern:

Erkennen und feiern Sie kleine Erfolge und positive Eigenschaften an sich. Diese Praxis stärkt positive Selbstgespräche und wirkt negativen Narrativen entgegen. Wenn Sie zum Beispiel eine Aufgabe erledigt haben, sagen Sie: „Das habe ich gut gemacht und ich bin stolz auf meine Leistung."

Kognitive Verhaltenstechniken (CBT) für Überdenker

Die kognitive Verhaltenstherapie (CBT) ist ein weit verbreiteter psychologischer Ansatz, der sich auf die Beziehung zwischen Gedanken, Gefühlen und Verhaltensweisen konzentriert. Für Überdenker bietet CBT praktische Strategien zur Bewältigung und Transformation nicht hilfreicher Gedankenmuster, um eine gesündere Denkweise zu fördern und Ängste zu reduzieren.

Negative Gedanken herausfordern und ersetzen

Eines der Grundprinzipien der kognitiven Verhaltenstherapie ist die Erkenntnis, dass negative Gedanken oft die Realität verzerren und zu unnötiger Angst und übermäßigem Nachdenken führen. Zu lernen, diese Gedanken herauszufordern und zu ersetzen, ist für das geistige Wohlbefinden von entscheidender Bedeutung.

1. Identifizieren Sie negative Gedanken:

Der erste Schritt besteht darin, sich der negativen Gedanken bewusst zu werden, die zum Überdenken beitragen. Dazu gehört möglicherweise, dass Sie Ihre Selbstgespräche in Stresssituationen überwachen. Führen Sie ein Tagebuch, um Gedanken zu notieren, die in Momenten der Angst oder des Selbstzweifels aufkommen.

2. Stellen Sie die Gültigkeit von Gedanken in Frage:

Wenn Sie einen negativen Gedanken identifiziert
haben, stellen Sie sich eine Reihe bohrender
Fragen:

- **Basiert dieser Gedanke auf Fakten oder
  Annahmen?**
- **Welche Beweise habe ich, die diesen
  Gedanken stützen oder widerlegen?**
- **Verallgemeinere ich zu sehr oder ziehe
  ich voreilige Schlussfolgerungen?**

Wenn Sie die Gültigkeit Ihrer Gedanken in Frage
stellen, können Sie deren Macht dekonstruieren
und zu einer ausgewogeneren Perspektive
führen.

3. Negative Gedanken neu formulieren:

Nachdem Sie Ihre Gedanken hinterfragt haben,
arbeiten Sie daran, sie in positivere oder
realistischere Alternativen umzuwandeln. Wenn
Sie zum Beispiel denken: „Ich versage immer",
könnten Sie es anders formulieren als: „Ich habe
schon früher Herausforderungen gemeistert und
daraus gelernt." Dieser

Neuformulierungsprozess kann Ihre emotionale Reaktion verändern und den Einfluss negativer Gedanken verringern.

4. Erstellen Sie einen positiven Gedankenersatz:

Entwickeln Sie eine Liste mit positiven Affirmationen oder Aussagen, die Sie nutzen können, um negative Gedanken zu ersetzen. Wenn ein negativer Gedanke auftaucht, ersetzen Sie ihn bewusst durch eine vorbereitete positive Aussage. Wenn Sie beispielsweise mit Selbstzweifeln konfrontiert werden, erinnern Sie sich: „Ich bin fähig und kann mit dieser Situation umgehen."

Gedankenaufzeichnungen und Journaling

Gedankenaufzeichnungen und Tagebuchführung sind wertvolle CBT-Tools, die Einzelpersonen dabei helfen, ihre Gedanken zu verfolgen und zu analysieren und Einblicke in Muster des Überdenkens zu geben.

1. Gedankenaufzeichnungen verstehen:

Eine Gedankenaufzeichnung ist eine strukturierte Möglichkeit, negative Gedanken und die sie umgebenden Umstände zu dokumentieren. Es enthält normalerweise Abschnitte für:

- **Situation:** Beschreiben Sie das Ereignis, das den Gedanken ausgelöst hat.
- **Gedanken:** Schreiben Sie die automatisch aufkommenden negativen Gedanken auf.
- **Emotionen:** Identifizieren Sie die Gefühle, die mit diesen Gedanken verbunden sind.
- **Beweis:** Listen Sie Beweise auf, die den Gedanken stützen und ihm widersprechen.
- **Alternative Gedanken:** Entwickeln Sie ausgewogenere oder realistischere Alternativen.

Dieser strukturierte Ansatz ermöglicht es Ihnen, Klarheit und Distanz zu Ihren Gedanken zu gewinnen, sodass es einfacher ist, sie zu hinterfragen und zu ersetzen.

2. Journaling zur Selbstreflexion:

Journaling kann als wirkungsvolles Reflexionsinstrument dienen. Nehmen Sie sich jeden Tag Zeit, um über Ihre Gedanken und Gefühle zu schreiben. Konzentrieren Sie sich auf Momente des Überdenkens und beschreiben Sie, wie diese Ihre Stimmung und Ihr Verhalten beeinflusst haben. Das Nachdenken über diese Erfahrungen hilft Ihnen, Muster und Auslöser zu erkennen, die Ihre Bewältigungsstrategien beeinflussen können.

3. Tägliche Dankbarkeitstagebücher:

Wenn Sie ein Dankbarkeitstagebuch in Ihre Routine integrieren, können Sie Ihren Fokus vom negativen Denken auf positive Erfahrungen verlagern. Schreiben Sie jeden Tag drei Dinge auf, für die Sie dankbar sind. Dies kann dazu beitragen, die negativen Gedanken auszugleichen, die mit übermäßigem Nachdenken einhergehen.

4. Fortschrittsverfolgung:

Überprüfen Sie regelmäßig Ihre Gedankenaufzeichnungen und Tagebucheinträge, um Ihren Fortschritt zu verfolgen. Feiern Sie Momente des Wachstums und erkennen Sie, wann Sie negative Gedanken erfolgreich in Frage gestellt oder positive Selbstgespräche geführt haben.

Verhalten Experimente: Testen Sie Ihre Gedanken

Verhalten Experimente sind praktische Aktivitäten, die es Einzelpersonen ermöglichen, die Gültigkeit ihrer Gedanken in realen Situationen zu testen. Diese Technik trägt dazu bei, die Lücke zwischen Denken und Handeln zu schließen und das erfahrungsorientierte Lernen zu fördern.

1. Entwerfen Sie Ihr Experiment:

Identifizieren Sie einen bestimmten Gedanken oder Glauben, den Sie testen möchten. Wenn Sie beispielsweise oft denken: „Wenn ich in einer Besprechung etwas sage, wird jeder über mich verurteilen", planen Sie ein Experiment, um diese Annahme in Frage zu stellen. Setzen Sie sich das Ziel, beim nächsten Treffen eine Idee auszutauschen.

2. Skizzieren Sie die Hypothese:

Bevor Sie das Experiment durchführen, skizzieren Sie Ihre Hypothese. Was wird Ihrer Meinung nach passieren, wenn Sie sich auf dieses Verhalten einlassen? Schreiben Sie Ihre erwarteten Ergebnisse auf und wie Sie sich voraussichtlich fühlen werden.

3. Führen Sie das Experiment durch:

Ergreifen Sie Maßnahmen basierend auf Ihrer Hypothese. Nehmen Sie das von Ihnen beschriebene Verhalten an, sei es, dass Sie sich in einer Besprechung zu Wort melden, sich an einen Freund wenden oder etwas Neues ausprobieren. Achten Sie während des Erlebnisses auf Ihre Gedanken und Gefühle.

4. Analysieren Sie die Ergebnisse:

Denken Sie nach dem Experiment über die Ergebnisse nach. Stimmte die Erfahrung mit Ihren ursprünglichen Gedanken überein? Waren die Ergebnisse so negativ, wie Sie erwartet hatten? Diese Analyse kann wertvolle Einblicke in die Irrationalität einiger Ängste liefern und dazu beitragen, ihre Macht zu schwächen.

5. Passen Sie zukünftige Gedanken an:

Passen Sie Ihre Überzeugungen und Gedanken entsprechend Ihren Erkenntnissen an. Wenn die Ergebnisse Ihres Experiments Ihren anfänglichen negativen Überzeugungen widersprechen, erinnern Sie sich in zukünftigen Situationen an diese Beweise. Diese Verstärkung trägt dazu bei, eine neue, positivere Erzählung zu schaffen.

Stress- und Angstmanagement

Der Umgang mit Stress und Ängsten ist für Überdenker von entscheidender Bedeutung, da diese Bedingungen negative Gedankenmuster verstärken und das emotionale Wohlbefinden beeinträchtigen können. Durch das Verständnis des Zusammenhangs zwischen Stress und übermäßigem Nachdenken, den Einsatz von Entspannungstechniken und die Entwicklung gesunder Bewältigungsmechanismen können Einzelpersonen ihre Widerstandsfähigkeit fördern und ihre psychische Gesundheit verbessern.

Wie Stress zum Überdenken anregt

Stress ist eine natürliche Reaktion auf wahrgenommene Bedrohungen oder Herausforderungen und löst die Kampf-oder-Flucht-Reaktion des Körpers aus. Wenn Stress jedoch chronisch oder überwältigend wird, kann er die psychische Gesundheit erheblich beeinträchtigen und zu übermäßigem Nachdenken führen. Hier sind mehrere Möglichkeiten, wie Stress zu diesem Kreislauf beiträgt:

1. Erhöhte Empfindlichkeit gegenüber Stressfaktoren:

Unter Stress reagieren Menschen möglicherweise empfindlicher auf äußere Auslöser. Alltägliche Situationen, wie etwa ein Termin bei der Arbeit oder eine Meinungsverschiedenheit mit einem Freund, können Angstgefühle verstärken und zu übermäßigem Grübeln führen.

2. Kognitive Belastung:

Stress erhöht die kognitive Belastung und macht es schwieriger, Gedanken und Emotionen klar zu verarbeiten. Überdenkende Menschen geraten möglicherweise in einen Kreislauf negativen Denkens, in dem Stress ihr Urteilsvermögen trübt und rationale Entscheidungen behindert.

3. Negative Gedankenmuster:

Chronischer Stress kann negative Denkmuster wie Katastrophendenken oder Alles-oder-Nichts-Denken verstärken. Diese Denkweise kann dazu führen, dass Menschen das Gefühl haben, kaum Kontrolle über ihre Umstände zu haben, was Ängste und übermäßiges Nachdenken weiter schürt.

4. Beeinträchtigte emotionale Regulation:

Stress kann die emotionale Regulierung beeinträchtigen und es für den Einzelnen schwierig machen, effektiv mit seinen Gefühlen umzugehen. Diese emotionale Dysregulation kann zu erhöhter Angst und der Unfähigkeit führen, sich aus negativen Gedankenspiralen zu befreien.

5. Körperliche Stresssymptome:

Stress macht sich häufig körperlich bemerkbar und führt zu Symptomen wie Müdigkeit, Anspannung und Schlaflosigkeit. Diese körperlichen Symptome können Ängste und übermäßiges Nachdenken verstärken und einen Teufelskreis erzeugen, aus dem es immer schwieriger wird, zu entkommen.

Entspannungstechniken: Atmung, Meditation und Visualisierung

Die Integration von Entspannungstechniken in den Alltag kann Stress und Ängste deutlich reduzieren und dabei helfen, zu viel nachzudenken. Hier sind drei wirksame Techniken:

1. Atemübungen:

Atemübungen sind eine einfache, aber wirkungsvolle Möglichkeit, Entspannung herbeizuführen und den Geist zu beruhigen. Sie können überall geübt werden und dauern nur wenige Minuten.

- **Tiefes Atmen:** Setzen oder legen Sie sich bequem hin. Atme tief durch die Nase ein und zähle bis vier, damit sich dein Bauch ausdehnt. Halten Sie den Atem an, bis Sie vier zählen, und atmen Sie dann langsam durch den Mund aus, bis Sie sechs zählen. Wiederholen Sie diesen Zyklus mehrmals und konzentrieren Sie sich dabei auf den Rhythmus Ihres Atems.
- **4-7-8 Atmung:** Atmen Sie durch die Nase ein, zählen Sie bis vier, halten Sie den Atem an, zählen Sie bis sieben, und atmen Sie durch den Mund aus, zählen Sie bis acht. Diese Technik kann helfen, Angstzustände zu reduzieren und die Entspannung zu fördern.

2. Meditation:

Meditation ist eine Achtsamkeitspraxis, die das Bewusstsein für den gegenwärtigen Moment fördert und Stress und übermäßiges Nachdenken wirksam reduzieren kann.

- **Geführte Meditation:** Verwenden Sie eine Meditations-App oder eine Online-Ressource, um geführte Meditationen zu finden, die sich auf Entspannung und Stressabbau konzentrieren. Diese Sitzungen beinhalten normalerweise Anweisungen zur Konzentration auf Ihren Atem oder zur Visualisierung friedlicher Szenen.
- **Achtsamkeitsmeditation:** Setzen Sie sich in eine bequeme Position und richten Sie Ihre Aufmerksamkeit auf Ihren Atem. Wenn Ihre Gedanken abschweifen, konzentrieren Sie sich wieder sanft auf Ihre Atmung. Beginnen Sie jeden Tag mit ein paar Minuten und steigern Sie die Dauer schrittweise, wenn Sie mit der Übung vertrauter werden.

3. Visualisierung:

Visualisierung Dabei geht es darum, mentale Bilder von beruhigenden und friedlichen Szenarien zu schaffen, die dabei helfen können, Stress und Angst zu reduzieren.

- **Visualisierung ruhiger Orte:** Schließen Sie die Augen und stellen Sie sich einen Ort vor, an dem Sie sich sicher und entspannt fühlen, beispielsweise einen Strand, einen Wald oder Ihr Lieblingszimmer. Beanspruchen Sie alle Sinne, indem Sie sich die Sehenswürdigkeiten, Geräusche, Gerüche und Texturen dieses Ortes vorstellen. Verbringen Sie ein paar Minuten in dieser Visualisierung und lassen Sie die Ruhe der Szene auf sich wirken.
- **Visualisierung zukünftiger Erfolge:** Stellen Sie sich ein Zukunftsszenario vor, in dem Sie eine herausfordernde Situation erfolgreich meistern. Stellen Sie sich vor, wie Sie mit Ihren Emotionen umgehen und positiv reagieren. Diese Technik kann

das Selbstvertrauen stärken und die Angst vor zukünftigen Ereignissen verringern.

Entwicklung gesunder Bewältigungsmechanismen

Die Entwicklung gesunder Bewältigungsmechanismen ist für den wirksamen Umgang mit Stress und Angst unerlässlich. Durch die Entwicklung positiver Strategien können Einzelpersonen Herausforderungen besser meistern, ohne zu viel nachzudenken.

1. Körperliche Aktivität:

Regelmäßige körperliche Aktivität ist eine der wirksamsten Möglichkeiten, Stress abzubauen und die psychische Gesundheit zu verbessern. Beim Sport werden Endorphine freigesetzt, die als natürliche Stimmungsaufheller wirken.

- **Bewegung einbeziehen:** Streben Sie an den meisten Tagen der Woche mindestens

30 Minuten moderate Bewegung an. Dazu kann Gehen, Laufen, Tanzen oder die Teilnahme an einer Gruppensportart gehören. Wählen Sie Aktivitäten, die Ihnen Spaß machen, um es nachhaltig zu gestalten.

2. Entscheidungen für einen gesunden Lebensstil:

Ein gesunder Lebensstil kann sich positiv auf das Stressniveau und das geistige Wohlbefinden auswirken.

- **Ernährung:** Eine ausgewogene Ernährung, die reich an Vollwertkost, Obst, Gemüse, magerem Eiweiß und gesunden Fetten ist, kann Ihrem Körper die Nährstoffe liefern, die er zur Stressbewältigung benötigt. Vermeiden Sie übermäßigen Koffein- und Zuckerkonsum, da dies zu Angstzuständen führen kann.
- **Schlafhygiene:** Priorisieren Sie den Schlaf, indem Sie einen konsistenten Schlafplan festlegen, eine entspannende

Schlafenszeitroutine schaffen und sicherstellen, dass Ihre Schlafumgebung angenehm und zum Ausruhen geeignet ist.

3. Soziale Unterstützung:

Der Aufbau eines starken Unterstützungsnetzwerks ist für die Bewältigung von Stress und Ängsten von entscheidender Bedeutung. Der Kontakt zu Freunden, Familie oder Selbsthilfegruppen kann Ermutigung und Perspektive bieten.

- **Sprechen Sie über Ihre Gefühle:** Teilen Sie Ihre Gedanken und Gefühle mit vertrauenswürdigen Personen. Wenn Sie über Ihre Erfahrungen sprechen, können Sie Emotionen verarbeiten und Erkenntnisse von anderen gewinnen.
- **Nehmen Sie an sozialen Aktivitäten teil:** Nehmen Sie an gesellschaftlichen Veranstaltungen oder Gruppenaktivitäten teil, die Ihnen Spaß machen. Der Aufbau von Verbindungen zu anderen kann ein

Zugehörigkeitsgefühl vermitteln und das Gefühl der Isolation verringern.

4. Zeitmanagement und Organisation:

Ein effektives Zeitmanagement kann das Gefühl der Überforderung lindern, ein häufiger Auslöser für übermäßiges Nachdenken.

- **Aufgaben priorisieren:** Erstellen Sie eine Liste mit Aufgaben und priorisieren Sie diese nach Wichtigkeit und Fristen. Teilen Sie große Aufgaben in kleinere, überschaubare Schritte auf, um sich nicht überfordert zu fühlen.
- **Grenzen festlegen:** Lernen Sie, Nein zu zusätzlichen Verpflichtungen zu sagen, wenn Sie sich bereits gestresst fühlen. Das Setzen von Grenzen ist wichtig, um Ihre Zeit und Ihre geistige Gesundheit zu schützen.

5. Kreative Outlets:

Die Teilnahme an kreativen Aktivitäten kann eine emotionale Befreiung bewirken und als Ablenkung vom Überdenken dienen.

- **Kunst und Handwerk:** Entdecken Sie Malen, Zeichnen, Stricken oder andere Handwerke, die kreativen Ausdruck ermöglichen. Diese Aktivitäten können therapeutisch sein und helfen, Stress abzubauen.
- **Schreiben und Journaling:** Das Schreiben über Ihre Gedanken und Gefühle kann Klarheit und emotionale Erleichterung schaffen. Erwägen Sie, ein Tagebuch zu führen, in dem Sie Ihre Erfahrungen, Gedanken und Überlegungen zum Ausdruck bringen.

Die Macht der Entscheidungsfindung

Entscheidungsfindung ist eine grundlegende Fähigkeit, die jeden Aspekt unseres Lebens beeinflusst, von persönlichen Entscheidungen bis hin zu beruflichen Wegen. Für Überdenker kann sich das Treffen von Entscheidungen oft überwältigend anfühlen und zu Ängsten und Unentschlossenheit führen. Das Verständnis der Macht der Entscheidungsfindung, die Anwendung effektiver Strategien, das Setzen gesunder Grenzen und die Überwindung des Strebens nach Perfektion können die Fähigkeit, sichere Entscheidungen zu treffen, erheblich verbessern.

Strategien, um Entscheidungen mit Zuversicht zu treffen

Um Entscheidungen mit Zuversicht treffen zu können, müssen wirksame Strategien angewendet werden, die den Prozess vereinfachen und die emotionale Belastung verringern. Hier sind mehrere Techniken, die Ihnen helfen, die Entscheidungsfindung effektiver zu gestalten:

1. Klären Sie Ihre Ziele:

Bevor Sie eine Entscheidung treffen, ist es wichtig, Ihre Ziele und Werte zu klären. Überlegen Sie, was Ihnen in der jeweiligen Situation am wichtigsten ist. Fragen Sie sich:

- Welches Ergebnis erhoffe ich mir?
- Wie passt diese Entscheidung zu meinen Werten und langfristigen Zielen?

Ein klares Verständnis Ihrer Ziele bietet einen Rahmen für Entscheidungen, die Ihr wahres Selbst widerspiegeln.

2. Sammeln Sie relevante Informationen:

Auch wenn übermäßiges Nachdenken häufig zu einer übermäßigen Informationsbeschaffung führt, ist es wichtig, ein Gleichgewicht zu finden. Konzentrieren Sie sich darauf, relevante Informationen zu sammeln, die Ihnen bei der Entscheidungsfindung helfen, ohne überfordert zu werden.

- Identifizieren Sie wichtige Fakten oder Datenpunkte, die sich direkt auf Ihre Entscheidung auswirken.
- Beschränken Sie Ihre Recherche auf seriöse Quellen, um eine Informationsüberflutung zu vermeiden.

3. Legen Sie ein Zeitlimit fest:

Um Unentschlossenheit zu bekämpfen, legen Sie eine bestimmte Frist für Ihre Entscheidung fest.

Dieser Ansatz verhindert lange Überlegungen und fördert schnelles Handeln.

- Bestimmen Sie einen realistischen Zeitrahmen basierend auf der Komplexität der Entscheidung.
- Halten Sie sich an diesen Zeitplan, um die Verantwortlichkeit und eine schnelle Lösung zu fördern.

4. Verwenden Sie einen Entscheidungsrahmen:

Der Einsatz eines strukturierten Entscheidungsrahmens kann zur Rationalisierung des Prozesses beitragen. Hier sind einige beliebte Methoden:

- **Vor- und Nachteile:** Erstellen Sie für jede Option eine Liste mit Vor- und Nachteilen. Diese visuelle Darstellung kann dabei helfen, Ihre Gedanken zu klären und die Konsequenzen jeder Entscheidung greifbarer zu machen.
- **Gewichtete Entscheidungsmatrix:** Erstellen Sie für komplexere

Entscheidungen eine Matrix, um Optionen anhand der für Sie wichtigen Kriterien zu bewerten. Weisen Sie jedem Kriterium basierend auf seiner Bedeutung Gewichte zu und bewerten Sie dann jede Option entsprechend, um die beste Wahl zu ermitteln.

5. Vertrauen Sie Ihren Instinkten:

Intuition spielt eine entscheidende Rolle bei der Entscheidungsfindung. Auch wenn eine rationale Analyse wichtig ist, unterschätzen Sie nicht den Wert Ihres Bauchgefühls.

- Achten Sie auf Ihre emotionalen Reaktionen, wenn Sie verschiedene Optionen in Betracht ziehen. Manchmal kann Ihr Instinkt Sie zur richtigen Wahl führen, selbst wenn die logische Analyse unsicher erscheint.

6. Unvollkommenheit akzeptieren:

Erkennen Sie, dass keine Entscheidung perfekt ist und dass Unsicherheit ein natürlicher Teil des

Lebens ist. Wenn Sie akzeptieren, dass Sie möglicherweise nicht alle Antworten haben, können Sie den Druck verringern, die „perfekte" Wahl treffen zu müssen.

Sich selbst Grenzen setzen

Sich selbst Grenzen zu setzen, ist für eine effektive Entscheidungsfindung unerlässlich und kann dabei helfen, die negativen Auswirkungen von Überdenken abzumildern. Hier sind Strategien, um diese Grenzen festzulegen:

1. Entscheidungsparameter definieren:

Legen Sie spezifische Parameter fest, wie Sie an die Entscheidungsfindung herangehen. Dabei könnte es darum gehen, zu ermitteln, welche Arten von Entscheidungen eine umfassende Analyse erfordern und welche intuitiver getroffen werden können.

- Erlauben Sie sich bei routinemäßigen oder kleineren Entscheidungen, schnell und ohne übermäßige Überlegungen zu entscheiden.

- Reservieren Sie mehr Zeit und Analyse für wichtige oder lebensverändernde Entscheidungen.

2. Informationsquellen einschränken:

Um eine Informationsüberflutung zu vermeiden, begrenzen Sie die Anzahl der Quellen, die Sie beim Sammeln von Informationen für eine Entscheidung heranziehen.

- Identifizieren Sie einige vertrauenswürdige Ressourcen, die die notwendigen Erkenntnisse liefern, ohne Sie mit übermäßig vielen Daten zu überfordern.
- Dies trägt dazu bei, den Entscheidungsprozess zu rationalisieren und den Fokus aufrechtzuerhalten.

3. Üben Sie, Nein zu sagen:

Zum Setzen von Grenzen gehört es, zu lernen, Nein zu zusätzlichen Verpflichtungen oder

Verpflichtungen zu sagen, die Ihren Entscheidungsprozess erschweren könnten.

- Bewerten Sie Ihre aktuellen Verpflichtungen und bewerten Sie, ob sie mit Ihren Prioritäten übereinstimmen.
- Seien Sie bereit, neue Möglichkeiten abzulehnen, wenn sie Ihren Fokus auf bestehende Ziele beeinträchtigen.

4. Erstellen Sie eine Entscheidungsroutine:

Richten Sie eine Routine oder ein Ritual für die Entscheidungsfindung ein, das Ihrem Geist und Körper signalisiert, dass es Zeit ist, sich zu konzentrieren.

- Dazu kann ein ruhiger Moment des Nachdenkens, eine kurze Meditation oder eine bestimmte Umgebung gehören, die einer durchdachten Entscheidungsfindung förderlich ist.
- Eine konsistente Routine kann Ihnen dabei helfen, auf dem Boden zu bleiben

und Ihr Selbstvertrauen im Entscheidungsprozess zu stärken.

Wie man aufhört, nach Perfektion zu streben

Das Streben nach Perfektion kann die Entscheidungsfindung lähmen und zum Überdenken beitragen. Um selbstbewusste Entscheidungen treffen zu können, ist es wichtig zu lernen, Unvollkommenheit anzunehmen. Hier sind Strategien, die Ihnen helfen, vom Perfektionismus wegzukommen:

1. Gestalten Sie Ihre Perspektive neu:

Ändern Sie Ihre Denkweise vom Streben nach Perfektion zum Streben nach Fortschritt.

- Verstehen Sie, dass Perfektion oft unerreichbar ist und dass das Streben nach Fortschritt Wachstum und Lernen ermöglicht.

- Erinnern Sie sich daran, dass Fehler und Misserfolge wertvolle Verbesserungsmöglichkeiten darstellen.

2. Setzen Sie realistische Standards:

Legen Sie realistische Maßstäbe für sich fest, statt unerreichbare Ideale.

- Erkennen Sie, dass Exzellenz keine Perfektion erfordert; Ziel ist es, innerhalb angemessener Parameter Ihr Bestes zu geben.
- Feiern Sie kleine Erfolge und schrittweise Fortschritte, die Sie motivieren können, weiter voranzukommen.

3. Nehmen Sie eine Wachstumsmentalität an:

Nehmen Sie eine Wachstumsmentalität an, die den Glauben betont, dass Fähigkeiten und Intelligenz durch Hingabe und Einsatz entwickelt werden können.

- Betrachten Sie Herausforderungen und Rückschläge als Gelegenheiten zum

Lernen und nicht als Ausdruck Ihres
Wertes oder Ihrer Fähigkeiten.

- Diese Denkweise fördert Belastbarkeit
und Risikobereitschaft und stärkt
letztendlich Ihre Entscheidungssicherheit.

4. Vergleich mit anderen einschränken:

Der Vergleich mit anderen schürt oft den
Wunsch nach Perfektion. Konzentrieren Sie sich
stattdessen auf Ihre eigene Reise und Ihren
Fortschritt.

- Vermeiden Sie es, sich mit der Leistung
anderer zu beschäftigen; Konzentrieren
Sie sich stattdessen auf Ihr eigenes
Wachstum und Ihre Erfolge.
- Umgeben Sie sich mit unterstützenden
Personen, die Sie auf Ihrem Weg
unterstützen, ohne eine
Wettbewerbsatmosphäre zu fördern.

5. Übe Selbstmitgefühl:

Kultivieren Sie Selbstmitgefühl, indem Sie sich
selbst mit Freundlichkeit und Verständnis

begegnen, insbesondere in schwierigen Momenten oder bei der Entscheidungsfindung.

- Erkennen Sie an, dass jeder Fehler macht und vor Herausforderungen steht; Erlaube dir, ein Mensch zu sein.
- Das Praktizieren von Selbstmitgefühl kann Ängste reduzieren und eine positivere Beziehung zu Ihrem Entscheidungsprozess fördern.

Aufbau geistiger Widerstandskraft

Unter mentaler Belastbarkeit versteht man die Fähigkeit, sich an Herausforderungen anzupassen, sich von Rückschlägen zu erholen und angesichts von Widrigkeiten eine positive Einstellung zu bewahren. Der Aufbau geistiger Belastbarkeit ist entscheidend, um die unvermeidlichen Höhen und Tiefen des Lebens zu meistern, das emotionale Wohlbefinden zu steigern und das persönliche Wachstum zu fördern.

Wie man mit Unsicherheit umgeht

Unsicherheit ist ein unvermeidlicher Teil des Lebens, der zu Ängsten und übermäßigem Nachdenken führen kann. Für die Entwicklung von Resilienz ist es wichtig zu lernen, effektiv mit Unsicherheit umzugehen. Hier sind mehrere Strategien, die Ihnen helfen, mit Unsicherheit umzugehen:

1. Umarme das Unbekannte:

Die Akzeptanz, dass Unsicherheit ein natürlicher Aspekt des Lebens ist, kann die damit verbundene Angst verringern.

- **Ändern Sie Ihre Denkweise:** Anstatt das Unbekannte zu fürchten, betrachten Sie es als Chance für Wachstum und Erkundung. Erkennen Sie, dass Unsicherheit zu neuen Erfahrungen und Lernen führen kann.
- **Konzentrieren Sie sich auf das, was Sie kontrollieren können:** Identifizieren Sie Aspekte Ihrer Situation, die Sie beeinflussen können, und ergreifen Sie

proaktive Maßnahmen. Dieser Fokus kann ein Gefühl der Entscheidungsfreiheit vermitteln und das Gefühl der Hilflosigkeit verringern.

2. Achtsamkeit üben:

Achtsamkeitstechniken können Ihnen dabei helfen, sich im gegenwärtigen Moment zu verankern und die Angst vor zukünftigen Ungewissheiten zu verringern.

- **Atemübungen:** Machen Sie tiefes Atmen oder geführte Meditationen, um Ihren Geist und Körper zu beruhigen. Diese Praxis trägt dazu bei, ein Gefühl des Friedens zu schaffen und die Tendenz zum Überdenken zu verringern.
- **Körperscan:** Führen Sie eine Bodyscan-Meditation durch und richten Sie Ihr Bewusstsein auf verschiedene Teile Ihres Körpers. Diese Technik fördert das Bewusstsein und fördert die Entspannung, sodass Sie Unsicherheit

ohne übermäßige Sorgen akzeptieren können.

3. Informationsüberflutung begrenzen:

Im Informationszeitalter kann es leicht passieren, dass man von der ständigen Flut an Nachrichten und Aktualisierungen überwältigt wird.

- **Legen Sie Grenzen für den Informationsverbrauch fest:** Legen Sie bestimmte Zeiten für die Überprüfung von Nachrichten oder sozialen Medien fest. Beschränken Sie den Kontakt mit Quellen, die Ihre Angst verstärken, und konzentrieren Sie sich stattdessen auf Informationen, die relevant und konstruktiv sind.
- **Suchen Sie nach zuverlässigen Quellen:** Halten Sie sich bei der Suche nach Informationen an glaubwürdige Quellen. Vermeiden Sie sensationslüsterne Nachrichten, die Unsicherheit und Angst verstärken können.

4. Notfallpläne entwickeln:

Auch wenn Sie die Zukunft nicht vorhersagen können, können Notfallpläne ein Gefühl der Vorbereitung vermitteln und Ängste abbauen.

- **Identifizieren Sie mögliche Szenarien:** Denken Sie über mögliche Herausforderungen nach, denen Sie möglicherweise gegenüberstehen, und skizzieren Sie, wie Sie darauf reagieren würden. Dieser proaktive Ansatz kann Ihnen helfen, sich besser gerüstet zu fühlen, um mit Unsicherheit umzugehen.
- **Flexibilität ist der Schlüssel:** Auch wenn Planung wichtig ist, bleiben Sie dennoch offen für Anpassungen Ihrer Pläne, wenn sich die Umstände ändern. Flexibilität fördert Anpassungsfähigkeit und Belastbarkeit.

5. Verbinden Sie sich mit Support-Netzwerken:

Wenden Sie sich bei Unsicherheit an Freunde, Familie oder Selbsthilfegruppen. Das Teilen

Ihrer Bedenken kann Ihnen Perspektive und Sicherheit geben.

- **Offene Gespräche:** Besprechen Sie Ihre Gefühle der Unsicherheit mit vertrauenswürdigen Personen. Wenn Sie über Ihre Ängste sprechen, können Sie diese normalisieren und das Gefühl der Isolation verringern.
- **Suchen Sie professionelle Hilfe:** Wenn die Unsicherheit überwältigend wird, sollten Sie darüber nachdenken, mit einem Psychologen zu sprechen. Die Therapie kann Instrumente zur effektiveren Bewältigung von Ängsten und Unsicherheiten bereitstellen.

Optimismus und eine Wachstumsmentalität kultivieren

Optimismus und eine wachstumsorientierte Denkweise sind starke Eigenschaften, die zur geistigen Belastbarkeit beitragen. Sie

ermöglichen es dem Einzelnen,
Herausforderungen als Chancen zu begreifen
und auch in schwierigen Zeiten eine positive
Einstellung zu bewahren.

1. Übe Dankbarkeit:

Dankbarkeit ist eine Schlüsselkomponente des
Optimismus. Regelmäßiges Nachdenken
darüber, wofür Sie dankbar sind, kann Ihren
Fokus von Negativität auf Positivität verlagern.

- **Tägliches Dankbarkeitsjournal:** Führen
  Sie ein Dankbarkeitstagebuch, in dem Sie
  jeden Tag drei Dinge aufschreiben, für die
  Sie dankbar sind. Diese Praxis fördert eine
  positive Einstellung und hilft Ihnen, das
  Gute in Ihrem Leben zu schätzen.
- **Drücken Sie anderen gegenüber Ihre
  Dankbarkeit aus:** Nehmen Sie sich die
  Zeit, Ihren Mitmenschen Ihre
  Wertschätzung auszudrücken. Die
  Anerkennung der Unterstützung und
  Freundlichkeit anderer fördert positive

Beziehungen und stärkt Ihr Gemeinschaftsgefühl.

2. Herausforderungen neu formulieren:

Für die Entwicklung einer wachstumsorientierten Denkweise ist es wichtig, Herausforderungen in Wachstumschancen umzuwandeln.

- **Betrachten Sie Rückschläge als Lernerfahrungen:** Betrachten Sie Misserfolge nicht als endgültig, sondern betrachten Sie sie als Gelegenheit zum Lernen und zur Verbesserung. Fragen Sie sich, welche Lehren Sie aus der Situation ziehen können.

- **Konzentrieren Sie sich auf den Aufwand statt auf das Ergebnis:** Betonen Sie die Bedeutung von Anstrengung und Beharrlichkeit und nicht nur der Ergebnisse. Feiern Sie Ihre harte Arbeit und Belastbarkeit, unabhängig vom Ergebnis.

3. Umgeben Sie sich mit Positivität:

Die Menschen und Umgebungen, mit denen Sie interagieren, können Ihre Denkweise erheblich beeinflussen.

- **Suchen Sie nach positiven Einflüssen:** Umgeben Sie sich mit Menschen, die Sie ermutigen und inspirieren. Beteiligen Sie sich an Diskussionen, die Wachstum und Positivität fördern.
- **Schaffen Sie ein positives Umfeld:** Gestalten Sie Ihre physische und emotionale Umgebung, um Ihr geistiges Wohlbefinden zu unterstützen. Dazu könnte gehören, dass Sie Ihren Raum aufräumen, positive Affirmationen zeigen oder sich an Aktivitäten beteiligen, die Ihnen Freude bereiten.

4. Befürworten Sie lebenslanges Lernen:

Eine Wachstumsmentalität lebt von Neugier und Lernbereitschaft.

- **Fordern Sie sich selbst heraus:** Verlassen Sie Ihre Komfortzone, indem

Sie neue Aktivitäten ausprobieren, neuen Interessen nachgehen oder Herausforderungen annehmen. Das Annehmen von Unbehagen kann zu persönlichem Wachstum und erhöhter Belastbarkeit führen.

- **Feedback einholen:** Seien Sie offen für Feedback von anderen und nutzen Sie es als Instrument zur Verbesserung. Konstruktive Kritik kann Ihnen dabei helfen, neue Fähigkeiten zu entwickeln und Ihr Selbstbewusstsein zu stärken.

Stärkung der emotionalen Intelligenz

Emotionale Intelligenz (EI) ist die Fähigkeit, unsere Emotionen und die Emotionen anderer zu erkennen, zu verstehen und zu verwalten. Die Stärkung der EI ist für den Aufbau von Resilienz und die effektive Steuerung von Beziehungen von entscheidender Bedeutung.

1. Selbstbewusstsein stärken:

Selbstbewusstsein ist die Grundlage emotionaler Intelligenz. Wenn Sie sich Ihrer Emotionen bewusst sind, können Sie nachdenklich reagieren, anstatt impulsiv zu reagieren.

- **Regelmäßige Reflexion:** Nehmen Sie sich Zeit, über Ihre emotionalen Reaktionen im Laufe des Tages nachzudenken. Erwägen Sie, Ihre Gedanken und Gefühle aufzuzeichnen, um Einblicke in Ihre emotionalen Muster zu erhalten.
- **Achtsamkeitspraktiken:** Wenden Sie Achtsamkeitstechniken an, um in Echtzeit ein tieferes Bewusstsein für Ihre Emotionen zu entwickeln. Diese Übung kann Ihnen helfen, emotionale Auslöser zu erkennen und effektiver zu reagieren.

2. Emotionen verwalten:

Um die Widerstandsfähigkeit aufrechtzuerhalten, ist es wichtig zu lernen, Ihre Emotionen zu regulieren.

- **Bewältigungsstrategien entwickeln:** Identifizieren Sie gesunde Bewältigungsmechanismen, um mit überwältigenden Emotionen umzugehen. Dazu kann tiefes Atmen, körperliche Aktivität oder die Suche nach sozialer Unterstützung gehören.
- **Pause vor der Reaktion:** Nehmen Sie sich bei starken Emotionen einen Moment Zeit, um innezuhalten und Ihre Gefühle einzuschätzen, bevor Sie reagieren. Diese Achtsamkeitspraxis kann Ihnen helfen, nachdenklich statt impulsiv zu reagieren.

3. Empathie verbessern:

Empathie, die Fähigkeit, die Gefühle anderer zu verstehen und zu teilen, ist ein wichtiger Aspekt emotionaler Intelligenz.

- **Üben Sie aktives Zuhören:** Hören Sie aktiv zu, indem Sie sich ganz auf den Sprecher konzentrieren, ohne ihn zu unterbrechen. Reflektieren Sie noch einmal, was Sie gehört haben, um

Verständnis zu gewährleisten und
Empathie zu zeigen.

- **Versetzen Sie sich in die Lage anderer:**
Versuchen Sie, Situationen aus der
Perspektive anderer zu betrachten.
Überlegen Sie, wie sie sich fühlen und vor
welchen Herausforderungen sie stehen.
Dies kann Ihr Verständnis verbessern und
Ihre Beziehungen stärken.

4. Bauen Sie starke Beziehungen auf:

Starke Beziehungen sind eine
Schlüsselkomponente der Resilienz. Die Pflege
positiver Verbindungen zu anderen kann in
schwierigen Zeiten Unterstützung bieten.

- **Investieren Sie Zeit in Beziehungen:**
Bemühen Sie sich bewusst, Ihre
Verbindungen zu Familie, Freunden und
Kollegen zu stärken. Nehmen Sie an
sinnvollen Gesprächen und gemeinsamen
Aktivitäten teil, um tiefere Bindungen zu
fördern.

- **Offen kommunizieren:** Üben Sie in Ihren Beziehungen eine offene und ehrliche Kommunikation. Teilen Sie Ihre Gedanken und Gefühle mit und ermutigen Sie andere, dasselbe zu tun. Diese Transparenz kann Vertrauen und Verständnis aufbauen.

Konzentration und Klarheit entwickeln

In unserer schnelllebigen, informationsgesättigten Welt ist die Entwicklung von Fokus und Klarheit für das geistige Wohlbefinden und eine effektive Entscheidungsfindung von entscheidender Bedeutung. Die Fähigkeit, Prioritäten zu setzen, was wirklich wichtig ist, die Zeit effektiv zu verwalten und die Kunst des Loslassens zu üben, kann die eigene Konzentration und Klarheit erheblich verbessern.

So priorisieren Sie, was wirklich wichtig ist

Priorisierung ist eine Fähigkeit, die es dem Einzelnen ermöglicht, sich auf das Wesentliche zu konzentrieren, Überforderung zu reduzieren und die Produktivität zu steigern. Hier sind einige wirksame Strategien zur Priorisierung Ihrer Aufgaben und Verpflichtungen:

1. Identifizieren Sie Ihre Grundwerte:

Das Verständnis Ihrer Grundwerte ist für eine effektive Prioritätensetzung von grundlegender Bedeutung.

- **Denken Sie darüber nach, was am wichtigsten ist:** Nehmen Sie sich Zeit, Ihre persönlichen Werte wie Familie, Gesundheit, Karriere oder Kreativität zu identifizieren. Überlegen Sie, wie diese Werte Ihre Entscheidungen und Prioritäten beeinflussen.
- **Aufgaben an Werten ausrichten:** Wenn Sie mit Aufgaben oder Verpflichtungen

konfrontiert werden, bewerten Sie, wie diese mit Ihren Grundwerten übereinstimmen. Diese Ausrichtung hilft zu klären, was Ihre Aufmerksamkeit und Ihren Einsatz verdient.

2. Verwenden Sie die Eisenhower-Matrix:

Die Eisenhower-Matrix ist ein einfaches Tool zur Priorisierung, das Aufgaben nach Dringlichkeit und Wichtigkeit kategorisiert.

- **Quadrant 1:** Dringend und wichtig – Erledigen Sie diese Aufgaben sofort.
- **Quadrant 2:** Wichtig, aber nicht dringend – Planen Sie diese Aufgaben, um sie später abzuschließen.
- **Quadrant 3:** Dringend, aber nicht wichtig – Delegieren Sie diese Aufgaben nach Möglichkeit.
- **Quadrant 4:** Nicht dringend und nicht wichtig – Eliminieren oder minimieren Sie diese Aufgaben.

Die Verwendung dieses Rahmenwerks kann Ihnen dabei helfen, sich auf Aufgaben zu konzentrieren, die den größten Einfluss auf Ihre Ziele haben.

3. Setzen Sie sich SMARTe Ziele:

Das Festlegen von SMART-Zielen – spezifisch, messbar, erreichbar, relevant und terminiert – kann Ihren Priorisierungsprozess leiten.

- **Spezifisch:** Definieren Sie klar, was Sie erreichen möchten.
- **Messbar:** Identifizieren Sie, wie Sie den Erfolg messen.
- **Erreichbar:** Stellen Sie sicher, dass Ihre Ziele realistisch und erreichbar sind.
- **Relevant:** Richten Sie Ihre Ziele an Ihren Werten und Ihrer langfristigen Vision aus.
- **Zeitgebunden:** Legen Sie eine Frist fest, um ein Gefühl der Dringlichkeit zu erzeugen.

SMART-Ziele bieten Klarheit und Orientierung und helfen Ihnen, effektiv Prioritäten zu setzen.

4. Teilen Sie Aufgaben in kleinere Schritte auf:

Große Aufgaben können sich überwältigend anfühlen und zum Aufschieben führen. Das Aufteilen von Aufgaben in kleinere, überschaubare Schritte kann Ihnen dabei helfen, Prioritäten zu setzen und Fortschritte zu erzielen.

- **Erstellen Sie umsetzbare Schritte:** Beschreiben Sie für jede Aufgabe die spezifischen Schritte, die zu ihrer Erledigung erforderlich sind. Diese Aufteilung vereinfacht den Prozess und erleichtert den Einstieg.
- **Gehen Sie Schritt für Schritt vor:** Konzentrieren Sie sich darauf, jeweils einen kleinen Schritt zu erledigen. Das kann die Motivation steigern und Überforderung verhindern.

5. Überprüfen und passen Sie die Prioritäten regelmäßig an:

Prioritäten können sich im Laufe der Zeit je nach Umständen und neuen Informationen ändern. Es ist von entscheidender Bedeutung, dass Sie Ihre Prioritäten regelmäßig überprüfen und anpassen.

- **Planen Sie Zeit zum Nachdenken ein:** Nehmen Sie sich jede Woche oder jeden Monat Zeit, um Ihre aktuellen Prioritäten zu bewerten. Denken Sie darüber nach, was funktioniert und was nicht.
- **Seien Sie flexibel:** Seien Sie bereit, Ihre Prioritäten bei Bedarf anzupassen. Das Leben ist dynamisch und Flexibilität ermöglicht es Ihnen, effektiv auf Veränderungen zu reagieren.

Zeitmanagement für einen klareren Geist

Effektives Zeitmanagement ist der Schlüssel zur Entwicklung von Konzentration und Klarheit. Indem Sie Ihre Zeit klug einteilen, können Sie Stress reduzieren und eine organisiertere Herangehensweise an Ihre Aufgaben schaffen.

1. Erstellen Sie einen Tagesplan:

Die Erstellung eines Tagesplans kann Ihnen dabei helfen, Ihre Zeit effektiv zu strukturieren.

- **Blockzeit für Aufgaben:** Weisen Sie verschiedenen Aufgaben bestimmte Zeitblöcke zu und stellen Sie sicher, dass Sie Zeit für Ihre höchsten Prioritäten verwenden. Verwenden Sie Tools wie Kalender oder Planer, um Ihren Zeitplan zu visualisieren.
- **Pausen einschließen:** Vergessen Sie nicht, Pausen einzuplanen. Kurze Pausen können die Konzentration verbessern und einem Burnout vorbeugen.

2. Nutzen Sie Zeitmanagementtechniken:

Mehrere Techniken können Ihre Zeitmanagementfähigkeiten verbessern:

- **Pomodoro-Technik:** Arbeiten Sie in konzentrierten Intervallen (normalerweise 25 Minuten), gefolgt von einer 5-minütigen Pause. Machen Sie nach vier

Intervallen eine längere Pause (15-30 Minuten). Diese Methode kann die Konzentration und Produktivität steigern.

- **Zeitblockierung:** Weisen Sie bestimmte Zeitblöcke für verschiedene Aufgabenkategorien zu (z. B. Arbeit, Sport, Familienzeit). Diese Methode kann Ihnen helfen, das Gleichgewicht zu bewahren und sicherzustellen, dass allen Bereichen Ihres Lebens Aufmerksamkeit geschenkt wird.

3. Ablenkungen begrenzen:

Das Erkennen und Minimieren von Ablenkungen ist für ein effektives Zeitmanagement von entscheidender Bedeutung.

- **Schaffen Sie einen ablenkungsfreien Arbeitsplatz:** Legen Sie einen Arbeitsplatz fest, der frei von Ablenkungen ist. Sorgen Sie für Ordnung in Ihrer Umgebung und beschränken Sie den Zugriff auf störende Geräte oder Websites.

- **Benachrichtigungen deaktivieren:**
  Deaktivieren Sie Benachrichtigungen auf
  Ihrem Telefon und Computer, während Sie
  arbeiten, um konzentriert zu bleiben.
  Legen Sie bestimmte Zeiten zum Abrufen
  von Nachrichten und E-Mails fest, um
  ständige Unterbrechungen zu vermeiden.

4. Lernen Sie, Nein zu sagen:

Wenn Sie Ihre Grenzen kennen und bereit sind,
zu zusätzlichen Verpflichtungen Nein zu sagen,
können Sie Ihre Zeit sparen.

- **Anfragen bewerten:** Wenn Sie mit neuen
  Verpflichtungen konfrontiert werden,
  beurteilen Sie, wie diese mit Ihren
  Prioritäten übereinstimmen. Wenn sie
  keinen Mehrwert bieten oder Ihren Zielen
  nicht entsprechen, ist es in Ordnung,
  abzulehnen.
- **Seien Sie selbstbewusst:** Üben Sie
  Durchsetzungsvermögen bei der
  Kommunikation Ihrer Grenzen. Lehnen

Sie Anfragen, die Ihren Fokus und Ihre Prioritäten beeinträchtigen, höflich ab.

5. Denken Sie über den Zeitverbrauch nach:

Wenn Sie regelmäßig darüber nachdenken, wie Sie Ihre Zeit verbringen, können Sie Verbesserungsmöglichkeiten erkennen.

- **Verfolgen Sie Ihre Zeit:** Verwenden Sie eine Zeiterfassungs-App oder ein Tagebuch, um Ihre täglichen Aktivitäten zu protokollieren. Wenn Sie analysieren, wie Sie Ihre Zeit verbringen, können Sie Muster und Bereiche erkennen, in denen Anpassungen erforderlich sind.
- **Passen Sie es nach Bedarf an:** Nehmen Sie auf der Grundlage Ihrer Überlegungen die notwendigen Anpassungen an Ihrem Zeitplan und Ihren Gewohnheiten vor. Kontinuierliche Verbesserung wird Ihre Zeitmanagementfähigkeiten verbessern.

Die Kunst des Loslassens

Das Loslassen unnötiger Belastungen, negativer Gedanken und unproduktiver Gewohnheiten ist ein wesentlicher Bestandteil der Entwicklung von Konzentration und Klarheit. Wenn Sie lernen, loszulassen, was nicht mehr dient, können Sie Raum für positives Wachstum schaffen.

1. Identifizieren Sie, was Sie loslassen sollten:

Zu erkennen, was freigegeben werden soll, ist der erste Schritt in diesem Prozess.

- **Reflektieren Sie Ihr Leben:** Nehmen Sie sich Zeit, über Bereiche Ihres Lebens nachzudenken, in denen Sie sich belastet oder festgefahren fühlen. Identifizieren Sie bestimmte Gedanken, Gewohnheiten oder Verpflichtungen, die Sie belasten.
- **Bedenken Sie die Auswirkungen:** Bewerten Sie, wie sich diese Belastungen auf Ihre geistige Klarheit und Ihr allgemeines Wohlbefinden auswirken.

Wenn sich etwas nicht positiv auswirkt, ist es vielleicht an der Zeit, es aufzugeben.

2. Praxisakzeptanz:

Akzeptanz ist ein wirksames Werkzeug zum Loslassen.

- **Erkennen Sie Ihre Gefühle an:** Erlaube dir, Emotionen zu spüren, die mit dem Loslassen verbunden sind. Wenn Sie Ihre Gefühle anerkennen, können Sie sie effektiver verarbeiten.
- **Übe Selbstmitgefühl:** Seien Sie während dieses Prozesses freundlich zu sich selbst. Verstehen Sie, dass das Loslassen eine Herausforderung sein kann und dass es in Ordnung ist, eine Reihe von Emotionen zu erleben.

3. Verwenden Sie Achtsamkeitstechniken:

Achtsamkeit kann helfen, den Prozess des Loslassens zu erleichtern.

- **Meditation:** Beteiligen Sie sich an der Meditation und konzentrieren Sie sich darauf, Gedanken oder Gefühle loszulassen, die Ihnen nicht mehr dienen. Stellen Sie sich vor, mit jedem Ausatmen Lasten loszulassen.
- **Journaling:** Schreiben Sie Ihre Gedanken und Gefühle darüber auf, was Sie freigeben möchten. Diese Praxis kann Klarheit schaffen und als symbolische Geste des Loslassens dienen.

4. Ersetzen Sie negative Gewohnheiten durch positive:

Um wirklich loszulassen, ersetzen Sie negative Gewohnheiten durch positive Alternativen.

- **Identifizieren Sie Ersatzgewohnheiten:** Bestimmen Sie positive Gewohnheiten, die das ersetzen können, was Sie loslassen. Wenn Sie beispielsweise den Aufschub aufgeben, verpflichten Sie sich zu einer konzentrierten Arbeitsroutine.
- **Erstellen Sie einen Plan:** Entwickeln Sie einen Plan zur Umsetzung neuer

Gewohnheiten. Das Setzen kleiner, erreichbarer Ziele kann Ihnen dabei helfen, sich schrittweise von alten Mustern zu lösen.

5. Feiern Sie Ihren Fortschritt:

Um den Prozess des Loslassens zu stärken, ist es wichtig, dass Sie Ihre Fortschritte anerkennen.

- **Reflektieren Sie Erfolge:** Nehmen Sie sich Zeit, über die positiven Veränderungen nachzudenken, die Sie vorgenommen haben. Feiern Sie Ihre Erfolge, egal wie klein sie sind, denn sie tragen zu Ihrem Wachstum bei.
- **Behalten Sie eine positive Einstellung bei:** Konzentrieren Sie sich auf die Vorteile des Loslassens, wie z. B. mehr Klarheit, weniger Stress und verbesserte Konzentration. Eine positive Einstellung kann Sie motivieren, Ihre Reise fortzusetzen.

Frieden in der Gegenwart finden

In einer Welt voller Ablenkungen und Unsicherheiten ist es entscheidend für geistige Klarheit und emotionales Wohlbefinden, im gegenwärtigen Moment Frieden zu finden. Achtsamkeit zu kultivieren, Dankbarkeit zu üben, zu lernen, die Kontrolle abzugeben und zielstrebig zu leben, kann dem Einzelnen helfen, seine Gedanken und Gefühle effektiver zu steuern. In diesem Abschnitt werden diese transformativen Praktiken eingehend untersucht.

Dankbarkeitsübungen zur Beruhigung Ihres Geistes

Dankbarkeit ist eine kraftvolle Praxis, die Ihren Fokus von negativen Gedanken auf positive Erfahrungen verlagern und so ein Gefühl von Frieden und Zufriedenheit fördern kann. Hier sind einige wirksame Dankbarkeitspraktiken, die Ihnen helfen, Ihren Geist zu beruhigen:

1. Tägliches Dankbarkeitsjournal:

Das Führen eines Dankbarkeitstagebuchs ist eine hervorragende Möglichkeit, Wertschätzung und Achtsamkeit zu fördern.

- **Nehmen Sie sich Zeit:** Nehmen Sie sich jeden Tag ein paar Minuten Zeit, um drei bis fünf Dinge aufzuschreiben, für die Sie dankbar sind. Diese können groß oder klein sein, von einem unterstützenden Freund bis hin zu einem wunderschönen Sonnenuntergang.
- **Denken Sie über Ihre Einträge nach:** Nehmen Sie sich Zeit und überlegen Sie,

warum Sie für diese Dinge dankbar sind. Diese Reflexion vertieft Ihre Wertschätzung und fördert eine positive Einstellung.

2. Dankbarkeitsmeditation:

Die Integration von Dankbarkeit in die Meditation kann die Achtsamkeit stärken und den inneren Frieden fördern.

- **Geführte Dankbarkeitsmeditation:** Finden Sie eine geführte Meditation, die sich auf Dankbarkeit konzentriert. Viele Apps und Online-Ressourcen bieten Sitzungen an, in denen Sie über die Dinge nachdenken, die Sie schätzen.
- **Stille Meditation:** Sitzen Sie schweigend und konzentrieren Sie sich auf Ihren Atem. Denken Sie bei jedem Einatmen an etwas, für das Sie dankbar sind, und lösen Sie bei jedem Ausatmen jegliche Anspannung oder Negativität.

3. Drücken Sie anderen gegenüber Dankbarkeit aus:

Wenn Sie Ihre Wertschätzung mit anderen teilen, stärken Sie Beziehungen und fördern das Gemeinschaftsgefühl.

- **Schreiben Sie Dankesnotizen:** Nehmen Sie sich die Zeit, herzliche Nachrichten an Freunde, Familie oder Kollegen zu schreiben, in denen Sie Ihre Dankbarkeit für ihre Unterstützung oder Freundlichkeit zum Ausdruck bringen.
- **Mündliche Bestätigung:** Machen Sie es sich zur Gewohnheit, sich in Gesprächen zu bedanken. Ein einfaches „Dankeschön" kann positive Verbindungen schaffen und beide Parteien ermutigen.

4. Erstellen Sie ein Dankbarkeitsglas:

Ein Dankbarkeitsglas ist eine unterhaltsame und visuelle Möglichkeit, Dankbarkeit zu üben.

- **Benötigte Materialien:** Suchen Sie ein Glas und ein paar kleine Zettel.
- **Wöchentliche Reflexion:** Schreiben Sie jede Woche eine Sache auf, für die Sie

dankbar sind, und legen Sie sie in das Glas. Sehen Sie sich am Ende des Monats oder Jahres die Notizen noch einmal an, um sich an die positiven Momente in Ihrem Leben zu erinnern.

5. Dankbarkeitsspaziergänge:

Kombinieren Sie körperliche Aktivität mit Dankbarkeit für ein kraftvolles Erlebnis.

- **Achtsames Gehen:** Gehen Sie spazieren und beobachten Sie bewusst Ihre Umgebung. Denken Sie beim Gehen an Dinge im Zusammenhang mit Ihrer Umgebung, für die Sie dankbar sind, wie zum Beispiel die Schönheit der Natur oder die Wärme der Sonne.
- **Aktivieren Sie Ihre Sinne:** Achten Sie auf die Anblicke, Geräusche und Gerüche um Sie herum. Das Einbeziehen Ihrer Sinne kann Ihr Gefühl der Präsenz und Wertschätzung für den Moment verstärken.

Wie man die Kontrolle aufgibt und das Unbekannte umarmt

Die Kontrolle abzugeben kann eine Herausforderung sein, insbesondere für Überdenker, die auf Vorhersehbarkeit setzen. Allerdings kann das Lernen, mit Unsicherheit umzugehen, zu mehr Frieden und Akzeptanz führen. Hier sind Strategien, die Ihnen helfen, die Kontrolle abzugeben:

1. Erkennen Sie Ihr Bedürfnis nach Kontrolle an:

Das Verständnis Ihres Wunsches nach Kontrolle ist der erste Schritt zum Loslassen.

- **Selbstreflexion:** Nehmen Sie sich Zeit, über Situationen nachzudenken, in denen Sie das Bedürfnis verspüren, die Ergebnisse zu kontrollieren. Überlegen Sie, wie sich dieses Bedürfnis auf Ihr Wohlbefinden und Ihre Beziehungen auswirkt.

- **Erkennen Sie Einschränkungen:**
  Akzeptieren Sie, dass nicht alles in Ihrer
  Kontrolle liegt. Wenn Sie diese Realität
  annehmen, können Sie Ängste abbauen
  und sich für neue Möglichkeiten öffnen.

2. Achtsamkeit üben:

Achtsamkeit hilft Ihnen, in der Gegenwart auf
dem Boden zu bleiben und verringert den Drang,
zukünftige Ergebnisse zu kontrollieren.

- **Konzentrieren Sie sich auf das Hier und
  Jetzt:** Machen Sie Achtsamkeitsübungen
  wie Meditation, tiefes Atmen oder
  Körperscans, um sich auf den
  gegenwärtigen Moment zu konzentrieren.
- **Lass die Gedanken kommen und gehen:**
  Wenn ängstliche Gedanken über die
  Zukunft aufkommen, nehmen Sie sie ohne
  Urteil zur Kenntnis und lassen Sie sie
  vorüberziehen. Diese Praxis trägt dazu
  bei, Raum für Akzeptanz zu schaffen.

3. Gestalten Sie Ihre Perspektive neu:

Wenn Sie Ihre Sichtweise auf Unsicherheit ändern, können Sie die Last der Kontrolle verringern.

- **Betrachten Sie Unsicherheit als Chance:** Anstatt das Unbekannte zu fürchten, sehen Sie es als Chance für Wachstum und neue Erfahrungen. Diese veränderte Denkweise kann dazu führen, dass sich die Unsicherheit weniger entmutigend anfühlt.
- **Praxisakzeptanz:** Akzeptieren Sie, dass Unsicherheit ein natürlicher Teil des Lebens ist. Akzeptieren Sie die Vorstellung, dass sich das Leben auf unerwartete Weise entwickelt, und das ist in Ordnung.

4. Setzen Sie Absichten statt Erwartungen:

Das Festlegen von Absichten kann Ihr Handeln leiten, ohne den Druck starrer Erwartungen.

- **Konzentrieren Sie sich auf Werte und Ziele:** Anstatt sich auf bestimmte

Ergebnisse zu fixieren, legen Sie
Absichten fest, die auf Ihren Werten und
dem, was Sie erreichen möchten, basieren.
Dieser Ansatz fördert Flexibilität und
Anpassungsfähigkeit.
- **Bleiben Sie offen für Möglichkeiten:**
Erlauben Sie sich, verschiedene Wege zu
erkunden, anstatt sich strikt an einen
vorgegebenen Plan zu halten. Diese
Offenheit kann zu unerwarteten Chancen
führen.

5. Suchen Sie Unterstützung:

Mit der Unterstützung anderer fällt es leichter,
mit Unsicherheit umzugehen.

- **Teilen Sie Ihre Gefühle:** Sprechen Sie
mit vertrauenswürdigen Freunden oder
Familienmitgliedern über Ihre Gefühle der
Unsicherheit. Das Teilen Ihrer Gedanken
kann Perspektive und Sicherheit geben.
- **Ziehen Sie professionelle Beratung in
Betracht:** Wenn es Ihnen besonders
schwerfällt, die Kontrolle aufzugeben,

sollten Sie die Unterstützung eines Therapeuten oder Beraters in Betracht ziehen. Sie können Tools und Strategien bereitstellen, die Ihnen helfen, mit Unsicherheit umzugehen.

Ein zielgerichtetes Leben führen, das über übermäßiges Nachdenken hinausgeht

Das Finden und Leben eines Lebens mit Sinn und Zweck kann Orientierung und Sinn geben und die Tendenz zum Überdenken verringern. Hier sind Möglichkeiten, Ihr Ziel zu entdecken und zu verwirklichen:

1. Entdecken Sie Ihre Leidenschaften:

Wenn Sie herausfinden, wofür Sie eine Leidenschaft haben, können Sie ein zielgerichtetes Leben führen.

- **Über Interessen nachdenken:** Nehmen Sie sich Zeit, über Aktivitäten nachzudenken, die Ihnen Freude und Erfüllung bringen. Denken Sie über Hobbys, Themen oder Anliegen nach, die Sie tief berühren.

- **Machen Sie neue Erfahrungen:** Probieren Sie neue Aktivitäten aus oder engagieren Sie sich ehrenamtlich für Anliegen, die Sie interessieren. Das Erkunden vielfältiger Erfahrungen kann Ihnen dabei helfen, verborgene Leidenschaften aufzudecken.

2. Definieren Sie Ihre Werte:

Das Verständnis Ihrer Grundwerte ist für ein zielgerichtetes Leben unerlässlich.

- **Identifizieren Sie Grundwerte:** Erstellen Sie eine Liste mit Werten, die Ihnen wichtig sind, z. B. Integrität, Mitgefühl, Kreativität oder Gemeinschaft.
- **Aktionen an Werten ausrichten:** Bewerten Sie, wie Ihre aktuellen Handlungen und Ziele mit Ihren Werten übereinstimmen. Versuchen Sie, sich an

Aktivitäten zu beteiligen, die das widerspiegeln, was Ihnen am wichtigsten ist.

3. Setzen Sie sich sinnvolle Ziele:

Das Festlegen von Zielen, die mit Ihren Leidenschaften und Werten übereinstimmen, kann Orientierung und Motivation geben.

- **Erstellen Sie SMART-Ziele:** Verwenden Sie das SMART-Framework (spezifisch, messbar, erreichbar, relevant, zeitgebunden), um Ziele zu setzen, die mit Ihrer Zielvorstellung übereinstimmen.
- **Unterteilen Sie Ziele in Schritte:** Teilen Sie Ihre Ziele in überschaubare Schritte auf, um ein Gefühl von Fortschritt und Erfolg zu erzeugen. Feiern Sie unterwegs kleine Siege.

4. Kultivieren Sie eine Wachstumsmentalität:

Eine wachstumsorientierte Denkweise fördert die Belastbarkeit und Anpassungsfähigkeit, die für ein zielgerichtetes Leben unerlässlich sind.

- **Nehmen Sie Herausforderungen an:** Betrachten Sie Herausforderungen als Wachstumschancen und nicht als Hindernisse. Diese Denkweise kann Sie befähigen, Schwierigkeiten zu überwinden und aus Erfahrungen zu lernen.
- **Bleiben Sie neugierig:** Fördern Sie Neugier und Lernbereitschaft. Suchen Sie nach Wissen und Erfahrungen, die Ihr Verständnis von sich selbst und der Welt um Sie herum erweitern.

5. Übe Selbstmitgefühl:

Freundlichkeit zu sich selbst ist entscheidend, wenn es darum geht, Ziele zu erreichen und zu viel nachzudenken.

- **Bestätigen Sie Ihre Reise:** Erkennen Sie, dass die Suche nach einem Sinn eine Reise ist, die einige Zeit dauern kann. Seien Sie geduldig mit sich selbst, während Sie erforschen und wachsen.
- **Schluss mit Perfektionismus:** Verstehen Sie, dass es keinen perfekten Weg zum

Ziel gibt. Akzeptieren Sie Unvollkommenheiten und erlauben Sie sich, zu lernen und sich weiterzuentwickeln.

Aufrechterhaltung der geistigen Klarheit

Die Aufrechterhaltung geistiger Klarheit ist für fundierte Entscheidungen, die Förderung der Kreativität und die Verbesserung des allgemeinen Wohlbefindens von entscheidender Bedeutung. Dabei geht es darum, Gewohnheiten zu pflegen, die einen klaren Geist unterstützen, Routinen zu etablieren, bei denen das geistige Wohlbefinden im Vordergrund steht, und die entscheidende Rolle von Schlaf, Ernährung und Bewegung zu erkennen.

Tägliche Gewohnheiten für einen klaren Geist

Die Entwicklung täglicher Gewohnheiten kann Ihre geistige Klarheit und Ihre allgemeine kognitive Funktion erheblich verbessern. Hier sind einige wirksame Gewohnheiten, die Sie in Ihr tägliches Leben integrieren können:

1. Achtsame Morgen:

Den Tag mit Achtsamkeit zu beginnen, setzt einen positiven Ton für geistige Klarheit.

- **Meditation oder tiefes Atmen:** Beginnen Sie Ihren Tag mit ein paar Minuten Meditation oder Atemübungen. Diese Übung beruhigt den Geist und bereitet Sie auf den kommenden Tag vor.
- **Dankbarkeitspraxis:** Verbringen Sie ein paar Momente damit, darüber nachzudenken, wofür Sie dankbar sind. Diese positive Einstellung hilft, Ihre Gedanken zu fokussieren und Stress abzubauen.

2. Aufgaben priorisieren:

Ein klarer Kopf ist oft mit einem effektiven Zeitmanagement verbunden.

- **Tagesplanung:** Listen Sie jeden Morgen Ihre Aufgaben für den Tag auf. Priorisieren Sie sie nach Dringlichkeit und Wichtigkeit, um den Fokus auf das Wesentliche zu richten.
- **Zeitblockierung:** Verwenden Sie Zeitblockierungstechniken, um Aufgaben bestimmte Zeiträume zuzuweisen. Dies verhindert Multitasking und minimiert Ablenkungen.

3. Digitale Entgiftung:

Die Reduzierung digitaler Ablenkungen kann die geistige Klarheit erheblich verbessern.

- **Bildschirmzeit begrenzen:** Legen Sie bestimmte Zeiten für das Abrufen von E-Mails und sozialen Medien fest, um ständige Unterbrechungen zu vermeiden.

Erwägen Sie „bildschirmfreie" Stunden, um Ihrem Geist eine Pause zu gönnen.

- **Konzentrieren Sie sich auf eine Aufgabe:** Üben Sie Singletasking statt Multitasking. Die Konzentration auf jeweils eine Aufgabe erhöht die Produktivität und Klarheit.

4. Pausen und Ausfallzeiten:

Regelmäßige Pausen sind entscheidend für die Aufrechterhaltung der geistigen Klarheit.

- **Pomodoro-Technik:** Verwenden Sie die Pomodoro-Technik, bei der Sie 25 Minuten lang arbeiten und dann eine 5-minütige Pause einlegen. Diese Struktur hält Ihren Geist frisch und konzentriert.
- **Naturpausen:** Verbringen Sie in den Pausen Zeit im Freien. Die Natur hat eine beruhigende Wirkung und kann dabei helfen, Ihren Geist neu zu beleben, indem sie für Klarheit und Inspiration sorgt.

Aufbau einer Routine für geistiges Wohlbefinden

Eine gut strukturierte Routine ist von grundlegender Bedeutung für die Aufrechterhaltung der geistigen Klarheit und des allgemeinen Wohlbefindens. So bauen Sie eine effektive Routine auf:

1. Erstellen Sie einen konsistenten Aufwach- und Schlafplan:

Kontinuierliche Schlafmuster sind für die geistige Klarheit von entscheidender Bedeutung.

- **Legen Sie regelmäßige Schlafzeiten fest:** Streben Sie jede Nacht 7–9 Stunden guten Schlaf an, indem Sie täglich zur gleichen Zeit ins Bett gehen und aufstehen. Kontinuierlicher Schlaf unterstützt die kognitive Funktion und die emotionale Regulierung.
- **Erstellen Sie ein entspannendes Ritual vor dem Schlafengehen:** Richten Sie vor dem Schlafengehen eine beruhigende

Routine ein, z. B. Lesen oder sanfte Dehnübungen, um Ihrem Körper zu signalisieren, dass es Zeit zum Entspannen ist.

2. Integrieren Sie körperliche Aktivität:

Bewegung spielt eine wichtige Rolle für die geistige Klarheit.

- **Tägliche Bewegung:** Streben Sie jeden Tag mindestens 30 Minuten moderate Bewegung an. Das kann Spazierengehen, Joggen, Yoga oder jede andere Aktivität sein, die Ihnen Spaß macht. Sport steigert die Endorphinausschüttung und verbessert die Stimmung und Klarheit.
- **Dehn- und Mobilitätsarbeit:** Integrieren Sie Dehnübungen oder Yoga in Ihre Routine. Diese Übungen helfen, Spannungen abzubauen, die Konzentration zu verbessern und die Entspannung zu fördern.

3. Planen Sie Zeit zum Nachdenken ein:

Reflexion ermöglicht es Ihnen, Ihre Gedanken und Gefühle zu verarbeiten.

- **Journaling am Ende des Tages:** Nehmen Sie sich jeden Abend ein paar Minuten Zeit, um über Ihren Tag zu schreiben. Denken Sie darüber nach, was gut gelaufen ist und was verbessert werden könnte. Diese Übung hilft, Ihre Gedanken und Gefühle zu klären.
- **Achtsamkeitsreflexion:** Integrieren Sie Achtsamkeit in Ihre Abendroutine. Verbringe ein paar Momente damit, über deinen Tag nachzudenken und konzentriere dich auf deine Gefühle und Erfahrungen, ohne zu urteilen.

4. Legen Sie „Me Time" fest:

Für die geistige Klarheit ist es wichtig, sich Zeit für die Selbstfürsorge zu nehmen.

- **Beschäftige dich mit Hobbys:** Nehmen Sie sich jede Woche Zeit für Aktivitäten, die Ihnen Freude bereiten, wie Lesen,

Malen oder Gartenarbeit. Hobbys bieten Raum für Kreativität und Entspannung.

- **Soziale Verbindungen:** Nehmen Sie sich Zeit für sinnvolle soziale Interaktionen. Der Kontakt mit Freunden und Angehörigen kann Ihr Zugehörigkeitsgefühl stärken und das Gefühl der Isolation verringern.

Die Rolle von Schlaf, Ernährung und Bewegung

Die Aufrechterhaltung der geistigen Klarheit hängt in hohem Maße von drei entscheidenden Komponenten ab: Schlaf, Ernährung und Bewegung. So trägt jeder zum geistigen Wohlbefinden bei:

1. Schlaf: Die Grundlage geistiger Klarheit

Guter Schlaf ist für die kognitive Funktion, die emotionale Regulierung und das allgemeine Wohlbefinden von entscheidender Bedeutung.

- **Kognitive Vorteile:** Schlaf spielt eine entscheidende Rolle bei der Gedächtniskonsolidierung, der Problemlösung und dem kritischen Denken. Schlafmangel kann zu einer Beeinträchtigung des Urteilsvermögens und erhöhter Reizbarkeit führen.
- **Emotionale Regulierung:** Ausreichender Schlaf hilft, Emotionen und Stressreaktionen zu regulieren. Schlechter Schlaf kann die Angst verstärken und zu negativen Denkmustern führen.

2. Ernährung: Treibt das Gehirn an

Was Sie essen, wirkt sich erheblich auf Ihre geistige Klarheit und Ihre kognitiven Funktionen aus.

- **Ausgewogene Ernährung:** Eine Ernährung, die reich an Vollwertkost ist, darunter Obst, Gemüse, Vollkornprodukte, mageres Eiweiß und gesunde Fette, liefert wichtige Nährstoffe, die die Gesundheit des Gehirns unterstützen.

- **Flüssigkeitszufuhr:** Eine ausreichende Flüssigkeitszufuhr ist für die kognitive Leistungsfähigkeit von entscheidender Bedeutung. Dehydrierung kann zu Müdigkeit, Konzentrationsschwierigkeiten und Stimmungsschwankungen führen. Versuchen Sie, den ganzen Tag über viel Wasser zu trinken.

- **Begrenzen Sie verarbeitete Lebensmittel:** Reduzieren Sie den Konsum von zuckerhaltigen und stark verarbeiteten Lebensmitteln, da diese zu Energieeinbrüchen führen und die geistige Klarheit beeinträchtigen können.

3. Übung: Die Geist-Körper-Verbindung

Körperliche Aktivität ist eine der effektivsten Möglichkeiten, die geistige Klarheit zu verbessern.

- **Endorphinausschüttung:** Sport stimuliert die Freisetzung von Endorphinen, Chemikalien, die Glücksgefühle fördern und Stress reduzieren. Regelmäßige körperliche Aktivität kann die allgemeine Stimmung und die kognitiven Funktionen verbessern.

- **Erhöhter Blutfluss:** Sport fördert die Durchblutung und versorgt das Gehirn mit Sauerstoff und Nährstoffen. Diese Steigerung der Durchblutung verbessert die kognitive Funktion, die Konzentration und das Gedächtnis.
- **Stressreduzierung:** Regelmäßige Bewegung kann helfen, Stress und Ängste abzubauen, ein Erfolgserlebnis zu vermitteln und das Selbstvertrauen zu stärken.

Rückschläge überwinden

Rückschläge sind ein unvermeidlicher Teil des Lebens und zu lernen, mit ihnen umzugehen, ist entscheidend für persönliches Wachstum und geistige Klarheit. Unabhängig davon, ob Sie mit Überdenken zu kämpfen haben oder in anderen Bereichen vor Herausforderungen stehen: Wenn Sie wissen, wie Sie mit Rückfällen umgehen, aus Fehlern lernen und Fortschritte feiern, können Sie Hindernisse überwinden und Ihre Widerstandsfähigkeit fördern.

Wie man mit Rückfällen ins Überdenken umgeht

Rückfälle in übermäßiges Nachdenken können entmutigend sein, sind aber eine häufige Erfahrung. Der Schlüssel liegt darin, diese Momente mit Mitgefühl und effektiven Strategien anzugehen.

1. Erkennen Sie Ihre Gefühle an:

Das Erkennen und Akzeptieren Ihrer Gefühle des Überdenkens ist der erste Schritt, um sie zu überwinden.

- **Selbstmitgefühl:** Sei nett zu dir selbst. Verstehen Sie, dass Rückschläge ein natürlicher Teil des Prozesses sind. Erinnern Sie sich daran, dass jeder Momente des Zweifels und der Angst erlebt.
- **Auslöser identifizieren:** Beachten Sie, was Ihren Rückfall ausgelöst haben könnte. War es ein stressiges Ereignis, ein bestimmter Gedanke oder eine bestimmte

Umgebung? Das Verständnis Ihrer Auslöser kann Ihnen helfen, sich auf zukünftige Herausforderungen vorzubereiten.

2. Verwenden Sie Achtsamkeitstechniken:

Achtsamkeitsübungen können Ihnen helfen, die Kontrolle über Ihre Gedanken wiederzugewinnen.

- **Erdungsübungen:** Wenden Sie Erdungstechniken wie tiefes Atmen an, konzentrieren Sie sich auf Ihre Umgebung oder nutzen Sie Ihre Sinne, um sich im gegenwärtigen Moment zu verankern. Diese Praxis kann dazu beitragen, Ängste abzubauen und den Teufelskreis des Überdenkens zu durchbrechen.
- **Gedankenbeobachtung:** Anstatt zu versuchen, Ihre Gedanken zu unterdrücken, beobachten Sie sie ohne Urteil. Erkennen Sie sie als vorübergehend und getrennt von Ihrer

Identität. Dieses Bewusstsein kann ihre Macht verringern.

3. Formulieren Sie Ihre Gedanken neu:

Das Herausfordern negativer Gedankenmuster ist wichtig, um sich vom Überdenken zu befreien.

- **Kognitive Umstrukturierung:** Identifizieren Sie negative Gedanken und formulieren Sie sie in konstruktivere um. Wenn Sie beispielsweise denken: „Ich bringe immer alles durcheinander", formulieren Sie es um in: „Ich stand schon früher vor Herausforderungen und kann daraus lernen."

- **Begrenzen Sie die Katastrophe:** Wenn Sie sich das Worst-Case-Szenario vorstellen, treten Sie einen Schritt zurück. Fragen Sie sich: „Was ist der Beweis für diesen Gedanken?" und „Was wäre ein realistischeres Ergebnis?" Diese Praxis kann helfen, Angstzustände zu reduzieren.

4. Handeln Sie:

Manchmal können kleine, umsetzbare Schritte helfen, übermäßiges Nachdenken zu bekämpfen.

- **Setzen Sie sich erreichbare Ziele:** Teilen Sie Ihre Aufgaben in überschaubare Schritte auf. Konzentrieren Sie sich darauf, jeweils eine kleine Aufgabe zu erledigen, um wieder ein Gefühl der Kontrolle und des Erfolgs zu erlangen.
- **Begrenzen Sie die Entscheidungsfindung:** Wenn übermäßiges Nachdenken mit der Entscheidungsfindung einhergeht, vereinfachen Sie Ihre Entscheidungen. Legen Sie klare Parameter für Entscheidungen fest und halten Sie sich daran, um die kognitive Belastung zu reduzieren.

Aus Fehlern lernen und vorwärts gehen

Scheitern kann ein starker Lehrer sein und wertvolle Lektionen bieten, die zu persönlichem Wachstum und Belastbarkeit führen können.

1. Nehmen Sie eine Wachstumsmentalität an:

Wenn Sie eine Wachstumsmentalität annehmen, können Sie Misserfolge als Chance für Wachstum betrachten.

- **Reframe-Fehler:** Betrachten Sie Misserfolge nicht als Ausdruck Ihres Wertes, sondern als Sprungbrett zum Erfolg. Fragen Sie sich, was Sie aus der Erfahrung lernen können und wie sie Ihr zukünftiges Handeln beeinflussen kann.
- **Konzentrieren Sie sich auf den Aufwand statt auf das Ergebnis:** Verlagern Sie Ihren Fokus vom Endergebnis auf die Anstrengung, die Sie unternehmen. Erkennen Sie, dass Beharrlichkeit und Belastbarkeit Schlüsselfaktoren für den Erfolg sind.

2. Reflektieren Sie die Erfahrung:

Wenn Sie sich die Zeit nehmen, über Misserfolge nachzudenken, können Sie Ihr Verständnis vertiefen und Ihre zukünftigen Entscheidungen beeinflussen.

- **Journaling:** Schreiben Sie über Ihre Erfahrungen und erkunden Sie, was schief gelaufen ist und was Sie anders hätten machen können. Dieser Reflexionsprozess kann Klarheit und Einsicht schaffen.
- **Feedback einholen:** Erwägen Sie, Feedback von vertrauenswürdigen Freunden oder Mentoren einzuholen. Sie können wertvolle Perspektiven bieten, die Sie vielleicht noch nicht in Betracht gezogen haben.

3. Entwickeln Sie einen Aktionsplan:

Nutzen Sie Ihre Überlegungen, um einen klaren Aktionsplan für die Zukunft zu erstellen.

- **Setzen Sie sich konkrete Ziele:** Legen Sie auf der Grundlage Ihrer Überlegungen konkrete, erreichbare Verbesserungsziele fest. Stellen Sie sicher, dass diese Ziele messbar sind, damit Sie Ihren Fortschritt verfolgen können.

- **Ressourcen identifizieren:** Bestimmen Sie, welche Ressourcen, Fähigkeiten oder Unterstützung Sie möglicherweise benötigen, um Ihre Ziele zu erreichen. Dies kann die Suche nach Mentoring, die Anmeldung zu Kursen oder den Aufbau eines Unterstützungsnetzwerks umfassen.

Feiern Sie Ihren Fortschritt

Das Feiern von Fortschritten, egal wie klein sie auch sein mögen, ist entscheidend für die Aufrechterhaltung der Motivation und die Stärkung positiver Gewohnheiten.

1. Erfolge anerkennen:

Nehmen Sie sich Zeit, Ihre Erfolge anzuerkennen und zu feiern.

- **Meilensteine erstellen:** Teilen Sie Ihre größeren Ziele in kleinere Meilensteine auf und feiern Sie jeden Erfolg. Dies kann so einfach sein, dass Sie sich etwas Schönes gönnen oder Ihren Erfolg mit anderen teilen.
- **Nutzen Sie positive Verstärkung:** Belohnen Sie sich dafür, dass Sie Aufgaben erledigen oder Herausforderungen meistern. Diese positive Verstärkung fördert den weiteren Fortschritt.

2. Führen Sie ein Erfolgstagebuch:

Die Dokumentation Ihrer Erfolge trägt dazu bei, Ihren Fortschritt zu festigen.

- **Tägliche oder wöchentliche Einträge:** Schreiben Sie über Ihre Erfolge, gewonnenen Erkenntnisse und Momente der Klarheit. Dieses Tagebuch dient als Erinnerung an Ihre Reise und kann in schwierigen Zeiten besonders hilfreich sein.

- **Denken Sie über Wachstum nach:**
  Überprüfen Sie Ihr Tagebuch regelmäßig,
  um zu sehen, wie weit Sie gekommen
  sind. Das Nachdenken über Ihre
  Fortschritte kann motivierend wirken und
  Sie an Ihre Belastbarkeit erinnern.

3. Teilen Sie Ihre Reise:

Wenn Sie Ihre Erfahrungen mit anderen teilen,
können Sie Ihr Gefühl der Verbundenheit und
Verantwortung vertiefen.

- **Treten Sie Selbsthilfegruppen bei:**
  Erwägen Sie den Beitritt zu Gruppen, die
  sich auf persönliche Entwicklung,
  psychische Gesundheit oder spezifische
  Herausforderungen konzentrieren, mit
  denen Sie konfrontiert sind. Das Teilen
  Ihrer Reise mit anderen fördert die
  Verbindung und bietet gegenseitige
  Unterstützung.
- **Inspirieren Sie andere:** Teilen Sie Ihre
  Geschichte, sei es über soziale Medien,
  Blogs oder Vorträge. Ihre Erfahrungen

können bei anderen Anklang finden und
sie auf ihren Reisen ermutigen.

Tägliche Aufforderungen zur Achtsamkeit

1. **Morgenreflexionen:**
   - Was fühle ich gerade und warum?
   - Welche Absicht möchte ich mir heute setzen?
   - Wofür bin ich dankbar, wenn ich meinen Tag beginne?
   - Wie kann ich mir heute Freundlichkeit erweisen?
2. **Abendreflexionen:**

- Was war der friedlichste Moment meines Tages?
- Was habe ich heute über mich selbst gelernt?
- Worauf bin ich heute stolz?
- Wie kann ich Stress oder negative Emotionen vor dem Schlafengehen loslassen?
- Was ist heute gut gelaufen und wie habe ich dazu beigetragen?

Fordert emotionales Bewusstsein auf

3. **Emotionen erforschen:**
   - Welche Emotion spüre ich gerade und was hat sie ausgelöst?
   - Wie fühlt sich mein Körper an, wenn ich starke Emotionen erlebe?
   - Was kann ich heute tun, um meine Gefühle zu würdigen und zu akzeptieren?

- ○ Was sind meine emotionalen Bedürfnisse in diesem Moment?
- ○ Wann habe ich mich das letzte Mal in Frieden gefühlt? Was hat zu diesem Gefühl beigetragen?

4. **Negative Emotionen verstehen:**
   - ○ Welche wiederkehrenden negativen Gedanken bemerke ich in meinem Kopf?
   - ○ Was kann ich tun, um diese Gedanken ohne Urteil anzusprechen?
   - ○ Was ist meine häufigste Reaktion auf Stress und wie kann ich diese Reaktion bewusst verändern?

Fordert zur Dankbarkeit auf

5. **Dankbarkeitsbewusstsein:**
   - ○ Listen Sie drei Dinge auf, für die Sie heute dankbar sind, und warum.
   - ○ Wie verändert Dankbarkeit meine Denkweise und Stimmung?

- ○ Für wen in meinem Leben bin ich
  dankbar und wie haben sie mich
  beeinflusst?
- ○ Welche kleinen Momente haben mir
  heute Freude oder Trost bereitet?
- ○ Wie kann ich mehr Dankbarkeit in
  meinen Alltag integrieren?

Fordert zur Selbsterkenntnis und Reflexion auf

6. **Mich selbst verstehen:**
   - ○ Welche drei Dinge liebe ich an mir?
   - ○ Was sind meine größten Stärken
     und wie nutze ich sie im täglichen
     Leben?
   - ○ Wie definiere ich Erfolg für mich
     selbst und wie fühle ich mich
     dadurch?
   - ○ Welche einschränkenden
     Überzeugungen muss ich loslassen,
     um mich erfüllter zu fühlen?

- o Welche Gewohnheit nützt mir nicht mehr und wie kann ich sie loslassen?

7. **Persönliches Wachstum erkennen:**
  - o In welchen Bereichen meines Lebens bin ich in letzter Zeit am meisten gewachsen?
  - o Welche Herausforderungen haben mich zu einem stärkeren Menschen gemacht?
  - o Wie haben sich meine Prioritäten im letzten Jahr verändert?
  - o Worauf bin ich besonders stolz und was habe ich auf dieser Reise gelernt?
  - o Wie gehe ich heute mit Stress um im Vergleich zu früher?

Fordert dazu auf, präsent zu bleiben

8. **Achtsamkeit im gegenwärtigen Moment:**

- o Welche Anblicke, Geräusche und Gerüche nehme ich gerade um mich herum wahr?
- o Wie fühlt sich mein Körper in diesem Moment an? Habe ich irgendwo Spannung?
- o Was kann ich tun, um langsamer zu werden und in diesem Moment präsent zu sein?
- o Was habe ich heute übersehen und wie kann ich das erkennen?
- o Wie fühlt es sich an, innezuhalten und achtsam zu atmen?

Fordert zum achtsamen Atmen und zur Erdung auf

9. **Atembewusstsein:**
   - o Wann habe ich mich das letzte Mal auf meinen Atem konzentriert? Wie habe ich mich dabei gefühlt?

- o Wie kann ich achtsames Atmen in meinen Alltag integrieren?
- o Welche Veränderungen bemerke ich an meinem Körper und meinem Geist, nachdem ich fünf Mal tief durchgeatmet habe?
- o Welche Ablenkungen entstehen, wenn ich versuche, mich auf meine Atmung zu konzentrieren, und wie bringe ich mich zurück?
- o Wie kann ich Achtsamkeit üben, wenn ich mich überfordert fühle?

Aufforderungen zur Stress- und Angstbewältigung

10. **Stress abbauen:**
- o Was bereitet mir derzeit am meisten Stress und wie gehe ich damit um?
- o Welche drei Dinge kann ich heute tun, um den Stress in meinem Leben zu reduzieren?

- ○ Wie reagiert mein Körper auf Stress und was kann ich tun, um diese Anspannung zu lösen?
- ○ Woran halte ich fest, das mir nicht mehr dient, und wie kann ich es loslassen?
- ○ Wann fühle ich mich am wohlsten und wie kann ich dieses Gefühl stärker kultivieren?

11. **Angstbewältigung:**

- ○ Welche Befürchtungen oder Befürchtungen gingen mir in letzter Zeit durch den Kopf und sind sie realistisch?
- ○ Welche Erdungstechniken kann ich anwenden, wenn ich Angst habe?
- ○ Wie reagiere ich normalerweise auf Angstzustände und welche achtsamen Maßnahmen können dazu beitragen, diese Reaktion zu verändern?
- ○ Welche Gedanken muss ich herausfordern, um meine Angst zu reduzieren?

- ○ Wie kann ich Mitgefühl mit mir selbst zeigen, wenn ich mich überfordert fühle?

Fordert persönliche Absichten und Ziele auf

12. **Absichten setzen:**
    - ○ Was möchte ich diese Woche erreichen und warum ist es mir wichtig?
    - ○ Welche Absicht möchte ich mir für diesen Monat setzen und wie kann ich mein Handeln daran ausrichten?
    - ○ Wie kann ich heute mehr im Einklang mit meinen Grundwerten leben?
    - ○ Welche achtsame Gewohnheit kann ich in mein Leben einführen und wie kann ich konsequent bleiben?

- ○ Welche Ablenkungen muss ich loslassen, um mich auf meine Ziele zu konzentrieren?

13. **Achtsame Zielsetzung:**
  - ○ Welche Ziele sind mir wirklich wichtig und warum stimmen sie mit meinen Werten überein?
  - ○ Wie kann ich realistischere Ziele setzen, die mich nicht überfordern?
  - ○ Welche kleinen Schritte kann ich heute in Richtung meiner langfristigen Ziele unternehmen?
  - ○ Welche mentalen Hindernisse hindern mich daran, meine Ziele zu erreichen?
  - ○ Wie kann ich nebenbei kleine Erfolge feiern?

Fordert Beziehungen und Verbindungen auf

14. **Achtsame Kommunikation:**

- Wie kann ich bei Gesprächen aufmerksamer zuhören?
- Welche Beziehungen in meinem Leben brauchen mehr achtsame Aufmerksamkeit?
- Wie kann ich heute jemandem gegenüber meine Dankbarkeit ausdrücken?
- Was bedeutet es für mich, in meinen Beziehungen präsent zu sein, und wie kann ich das verkörpern?
- Wie möchte ich für die Menschen da sein, die mir wichtig sind?

15. **Konflikte achtsam steuern:**
    - Über welche wiederkehrenden Konflikte habe ich zu viel nachgedacht und wie kann ich sie achtsam angehen?
    - Wie reagiere ich normalerweise bei Konflikten und wie kann ich mit mehr Geduld reagieren?
    - Wie kann ich in meinen Beziehungen mehr Raum für

> offene, vorurteilsfreie
> Kommunikation schaffen?
> ○ Welche emotionalen Auslöser treten
> bei Konflikten auf und wie kann ich
> damit umgehen?
> ○ Wie kann ich Empathie und
> Verständnis in herausfordernden
> Gesprächen üben?

Fordert zu Selbstliebe und Mitgefühl auf

16. **Üben Selbstmitgefühl:**
    - ○ Wie war ich in letzter Zeit
      freundlich zu mir selbst?
    - ○ Wie sieht Selbstliebe für mich heute
      aus?
    - ○ Wie kann ich in schwierigen Zeiten
      sanfter mit mir selbst umgehen?
    - ○ Welche kritischen Gedanken über
      mich selbst muss ich loslassen und

wie kann ich sie durch Freundlichkeit ersetzen?
- Wie kann ich bedingungslose Liebe für mich selbst, meine Fehler und alles andere üben?

17. Unvollkommenheiten akzeptieren:

- Welche Unvollkommenheiten in mir selbst kann ich nur schwer akzeptieren und warum?
- Wie kann ich heute das Bedürfnis nach Perfektion loslassen?
- Welche negativen Selbstgespräche möchte ich durch ermutigendere Worte ersetzen?
- Was haben mich meine wahrgenommenen Unvollkommenheiten über Belastbarkeit und Wachstum gelehrt?
- Wie kann ich Dankbarkeit für meine einzigartige Reise und mein Selbst üben?

Aufforderungen zum Loslassen und Vorwärtsgehen

18. **Die Vergangenheit loslassen:**
    - Was halte ich aus der Vergangenheit fest, das mir nicht mehr dient?
    - Wie kann ich mir vergangene Fehler verzeihen und vorankommen?
    - Welche Lehren habe ich aus vergangenen Herausforderungen gezogen, die ich auf meine Gegenwart anwenden kann?
    - Wie wirkt sich das Festhalten an alten Emotionen auf meine aktuelle Denkweise aus?
    - Wie kann ich mein Bedauern sanft loslassen und mich auf den gegenwärtigen Moment konzentrieren?

19. **Weiter geht es:**
    - Was kann ich tun, um aus einer schwierigen Erfahrung herauszukommen?

- ○ Wie kann ich Achtsamkeit üben,
  um Veränderungen anzunehmen?
- ○ Welche neuen Möglichkeiten
  eröffnen sich mir gerade?
- ○ Wie kann ich Geduld üben und dem
  Wachstumsprozess vertrauen?
- ○ Wie sieht es für mich aus, mit
  Anmut und Selbstmitgefühl
  voranzukommen?

Aufforderungen zum achtsamen Leben

20. **Das Leben voll und ganz annehmen:**
    - ○ Wie kann ich heute kleine Momente
      der Freude genießen?
    - ○ Welche Routinen oder
      Gewohnheiten helfen mir, mich
      geerdet und mit dem gegenwärtigen
      Moment verbunden zu fühlen?
    - ○ Wie kann ich diese Woche mit mehr
      Sinn und Absicht leben?

- Was bedeutet es, achtsam zu leben, und wie kann ich das auf mein Leben anwenden?
- Wie kann ich Achtsamkeit in alltägliche Aufgaben und tägliche Routinen einbringen?

Über Denker Bibel